UN VIAJE AL INTERIOR

UN VIAJE AL INTERIOR

UN VIAJE AL INTERIOR

Se puede ganar o perder,
lo que no queremos es dejar de crecer

SERGIO "CACHITO" VIGIL

HOJAS DEL SUR

Buenos Aires

www.hojasdelsur.com

Un viaje al interior
Sergio "Cachito" Vigil

1a edición

Editorial Hojas del Sur S.A.
Albarellos 3016
Buenos Aires, C1419FSU, Argentina
e-mail: info@hojasdelsur.com
www.hojasdelsur.com

ISBN 978-987-1882-16-8

Dirección editorial: Andrés Mego
Edición: Silvana Freddi
Diseño de portada: Arte Grupo Planeta
Diseño de interior: AADG / info.aadg@gmail.com
Fotografía de portada: Ariel Grinberg

Sergio Cachito Vigil
  Un viaje al interior - 1a ed. - Ciudad Autónoma de Buenos Aires : Hojas del Sur, 2016.
  256 p. ; 14x21 cm.

  ISBN 978-987-1882-16-8

  1. Biografías. I. Título
  CDD 920.7

Después de haber transitado un año de escritura, de un viaje al interior, y haberme sumergido en las emociones de la superficialidad y de la profundidad, perseguí un objetivo que era claro al inicio del libro: combatir y erradicar la superficialidad del mundo y del universo. La razón es que creía que la superficialidad no nos permitía encontrarnos y descubrir nuestra voz interior para poder actuar de acuerdo a ella en nuestra vida. Pero en este encuentro complejo, apasionante, con la superficialidad, me empecé a hacer preguntas: ¿Qué es la superficialidad? ¿Qué es la profundidad? Y me fui dando cuenta de que ambas son lo mismo. La experiencia de haber conocido las emociones de ambas me hace interpretar hoy el concepto de superficialidad y profundidad de forma diferente. Hoy ya no puedo devaluar ni sobredimensionar a ninguna de ellas. Me parece que el ser es un todo y más que vivir con superficialidad o con profundidad, deberíamos vivir con corazón, atendiendo el llamado de nuestra voz interior y atreviéndonos a ser quien queremos ser. Aprendí que ese tipo de emociones van a aparecer a cada momento pero lo importante es lo que hagamos con ellas.

Querido lector, para mí sería un gran aprendizaje que te atrevieras a hacer tus propias reflexiones y que las compartieras conmigo.

Un fuerte abrazo.

ÍNDICE

AGRADECIMIENTOS

Por este sueño cumplido, que es la realización de este libro, quisiera agradecer de todo corazón la confianza que tuvo en mí la Editorial *Hojas del Sur*.

Aquella mañana en la que recibí el llamado de Andrés Mego, para comunicarme el interés que tenía la editorial en hacer un libro conmigo, es un momento que nunca olvidaré, que quedará marcado en mi memoria por siempre.

En el primer encuentro formal que tuvimos, luego de ese llamado sentí algo muy especial: *respeto*. Un valor esencial y sublime para nuestra sociedad en estos tiempos que vivimos.

Me brindaron la total libertad de poder escribir lo que mi ser necesitaba y que había estado guardado durante tanto tiempo, en espera de la oportunidad para ver la luz.

Imagino que no debe haber sido sencillo para Andrés escuchar la idea que tenía en mi cabeza, expresada en una catarata de diversos disparadores que salían de mis cuerdas vocales de manera apasionadamente desordenada, ¡y descifrar semejante jeroglífico! Más aún, cuando seguramente pensaba encontrarse con una propuesta muy diferente por parte mía.

Pero él tuvo paciencia para esperar y confianza en mí. Dos cualidades que abren de par en par la puerta a la parte más valiosa y compleja que existe dentro de nosotros.

Poco a poco, la catarata desordenada empezó a fluir con continuidad, los conceptos se fueron entrelazando, el espíritu fue cobrando forma y la historia se reveló con una potencia inusitada.

Cuando por fin le presenté la obra completa, Andrés suspiró y su lenguaje corporal se iluminó. Tal vez, por el hecho de haber peleado mucho para convencer a su gente de algo que todavía era demasiado abstracto y lejano.

Fue en ese momento en el que me dijo: "Ya estamos en camino, ahora sí lo veo… ¡esto es atrapante! La semana próxima nos reuniremos con la editora, Silvana Freddi, para comenzar la recta final".

El encuentro con Silvana fue un momento muy significativo en el que pude expresar el sentimiento del libro y aquello que buscaba. Ella se llevó el material para leerlo y a los pocos días tuve su devolución. A partir de entonces, el trabajo fue un "ida y vuelta" apasionante hasta llegar a su finalización.

En todo ese tiempo, sentí que siempre fue respetado cada centímetro de mi escrito, cada nueva idea que surgía de mí. Cada cambio que nacía era agregado con excelente predisposición. Y, además, recibí sugerencias y aportes muy valiosos en la etapa crucial de los últimos detalles.

A este equipo de tres se sumó también el aporte invisible de una persona que se apasionó con el libro y, luego de leer el borrador, me regaló sensaciones y devoluciones que tanto me gustaron que algunas de ellas finalmente fueron incluidas. Me refiero a Inés Bancalari.

Por todo esto, no puedo dejar de reconocer que el recorrido de este camino me llenó de tanta alegría como la concreción de la obra.

Si este libro pudo ser dado a luz es porque tuve la dicha de tener unos padres que me regalaron no solo la vida, sino también la oportunidad de crecer y desarrollarme con amor. Fue tan puro lo que recibí de ellos, que deseo decirles desde lo más profundo de mi corazón: "¡Gracias a los dos!".

Mis hermanos, fundamentales durante toda mi infancia y adolescencia, me regalaron su naturaleza genuina y espacios de increíbles experiencias juntos que nos permitieron madurar, descubrirnos y desarrollarnos.

Vaya mi agradecimiento también a todos los demás integrantes de mi familia sanguínea y de la vida, que me brindaron tiempo, comprensión y afecto a lo largo de la etapa del crecimiento.

A todos los maestros de la primaria, la secundaria y el nivel terciario porque cada uno de ellos dejó algo en mí. En muchos casos, pasión por el aprendizaje y, en otros, el despertar de mi rebeldía, la necesidad de debate y la valentía de elegir algo diferente.

A todos los entrenadores de hockey que he tenido y que me han permitido desarrollarme, disfrutar y enamorarme del deporte y los valores que este representa.

A todas las instituciones que tuvieron confianza en mí y me permitieron realizar lo que más me gusta en la vida: enseñar o, mejor dicho, compartir espacios de enseñanza-aprendizaje con los colegas de la vida, "otros seres humanos".

A todas las jugadoras y jugadores que he conocido en los colegios, profesorados, clubes y seleccionados y que me han abierto las puertas de su corazón y me han permitido aprender el oficio de profesor y entrenador, gracias a sus diarias enseñanzas. Sin duda, alumnas y alumnos, jugadoras y jugadores, fueron ustedes quienes más me han enseñado.

A *Sport Cases*, su conductor Juan Pablo Sagarna y todos los integrantes que pasaron por el equipo y permitieron que, a través de las charlas en las empresas, pudiera descubrir un sinfín de cosas en mi mundo interior.

A todos los seres humanos que participaron en esas charlas y me regalaron su escucha, su devolución y su respeto.

Me gustaría tener un espacio especial de agradecimiento para todo el cuerpo técnico de la *Selección Argentina Femenina de Hockey Sobre Césped* con quienes tuve el privilegio de compartir infinidad de emociones: head coach, asistentes, psicóloga, médicos, kinesiólogos, videocámaras, jefa de equipo. Y a las grandes protagonistas de la revolución de este deporte: *Las Leonas*, desde las que participaron de un entrenamiento hasta las que jugaron más de 500 partidos. Cada una de ellas me dejó su esfuerzo, su naturaleza y su enseñanza.

A mi amigo y compañero de ruta docente Mariano Medici con quien compartí innumerables momentos y reflexiones que me hicieron crecer.

A mis amigos de la vida, "colaboradores", que desinteresadamente me acompañaron y contribuyeron con su valioso aporte a que pueda concretar y llevar a cabo mi sueño.

Y por último, por ser tan importantes y determinantes para mí, quiero agradecer a las personas que iluminaron mi vida:

A Marcela, la musa que acarició mi alma y transformó mi vida en una fiesta de plenitud, felicidad y confianza. A Thiaguito, nuestro hijo, el fruto de un amor hermoso, una persona que nos hace sentir los seres más dichosos de toda la galaxia.

Gracias, muchas gracias a todos y sepan que son una parte fundamental de esta historia… ¡son la historia misma!

PRÓLOGO

Cada deporte tiene su esencia, su lógica y sus misterios. Sin embargo, en algún lugar del recorrido, todos los deportes son, a la vez, una sola disciplina. Mágica, imprevisible, compleja, apasionante. Sergio Vigil es una de las personas que justifica esa teoría. Un maestro suele tener sus debilidades y ama las ciencias sociales por sobre las exactas. Pero, por encima de todo, es un docente. Soy uno de esos convencidos de que el auténtico docente tiene cosas mucho más valiosas y profundas para transmitirnos que una suma, una resta, los nombres de los ríos o las capitales de las naciones asiáticas. Cachito es uno de esos maestros.

La Argentina es un país deportivamente milagroso. Desde siempre figuramos en lugares de privilegio y casi no hay disciplina en la que un argentino no haya dejado una huella indeleble. A pesar de ello, somos un país sin políticas deportivas. Hay espasmos y gente de buena voluntad. Hay sabios y, ahora, algo más de dinero para capacitar a nuestros talentos. Desde algunos rincones, un puñado de visionarios soñaron para sus especialidades maravillas que, quizás, no llegarían a ver en vida. León Najnudel, con la creación de la Liga Nacional de Básquet y la década de gloria de Ginóbili y sus amigos, es el ejemplo más acabado de aquello. Tristemente, desde los ámbitos más encumbrados de las decisiones políticas, dentro de las federaciones y fuera de ellas, muy pocos se animan a la maravilla del legado. "Si no es para poder disfrutarlo yo y colgarme las medallas, entonces no vale la pena".

Marcelo Bielsa deja legados. Marcelo Loffreda deja legados. Tito Vázquez deja legados. Servelio Fuentes deja legados. Julio Velazco deja legados. Sergio Vigil no solo deja legados sino que, además, se ha convertido en un casi incomprensible liberador de gloria. Entiéndase el improcedente giro semántico por ese gesto tan característico de Cachito cuando reclama desde su tono agudo lo necesario que es aprender a desprenderse de las cosas. Por entrañables que sean. También por eso lo admiro. Y por el enorme entrenador que es. Y por ponerle poesía a su capacidad de estratega. Pero, por sobre todas las cosas, creo que la imagen que mejor lo califica es la de uno de los días más tristes de su vida, cuando se pasó horas barriendo vidrios y escombros de un Monumental destruido por gente que decía —y dice— amar a River Plate.

Vigil será recordado como el hombre más influyente de la historia del hockey argentino.

Yo prefiero disfrutarlo en vida y destacarlo como uno de los pocos hombres que se han ganado el derecho a ser considerados imprescindibles para el deporte argentino.

GONZALO BONADEO[1]

---

1. Periodista y comentarista deportivo argentino. Hijo del también periodista Diego Bonadeo, se destaca por su conocimiento de las más variadas disciplinas del rubro. Ganador de varios Martín Fierro a lo largo de su carrera.

INTRODUCCIÓN

A través de las páginas de este libro, seremos testigos de un encuentro muy especial de personajes que son parte de nuestra Vida, de nuestro quehacer cotidiano. Conoceremos historias inspiradoras que nos motivarán a alcanzar, y a ser, lo mejor de cada uno de nosotros. Conviviremos con personajes que vemos a diario e influyen en nuestras decisiones y acciones, en nuestra relación con los demás y con nosotros mismos.

La *Profundidad* que muestran algunas personas en todo lo que hacen y dicen, conectando así con su verdadero Ser y disfrutando de la Vida en plenitud. Aquel que sabe para qué y por qué vive, lo que es capaz de dar, de sentir, de expresar ya ha alcanzado su máxima potencialidad. No ha desperdiciado nada de su existencia, sino que ha revelado el oro que lleva en su interior y lo ha compartido con el Mundo, enriqueciéndolo.

La *Superficialidad* que demuestran otros, luchando y peleando por un efímero éxito, por la vanagloria de la Vida que dura no más que un instante, por un renombre que será prontamente olvidado. Aquel que va detrás de esos logros habrá pasado por esta Tierra sin dejar herencia. Sin ánimo de crítica, lo cierto es que quien adopta esta actitud ante la

Vida, aunque lo intente desesperadamente, nunca será capaz de conocer y de dar a conocer su verdadero Ser. Se encuentra en la periferia de su existencia, interpretando personajes que ocultan la capacidad y la potencialidad que posee en su interior.

La *Razón*, buena y asistente, útil para aquellas personas que, con sentido común, saben cómo y cuándo aplicarla. En cambio, para aquel que por necedad siempre cree "tener la razón", un verdadero obstáculo que no le permite negociar ni llevar a cabo los cambios necesarios que lo llevarán al podio.

La *Vida,* esa realidad con la que todos los seres humanos nos enfrentamos a diario. Una Vida que nos apoya, que está de nuestro lado, que nos sostiene, que nos brinda oportunidades a cada momento —si estamos atentos y sabemos captarlas—, que nos provee todo aquello que necesitamos, que nos ama, que no se detiene en el pasado sino que siempre mira hacia la meta, que cree en nosotros, en nuestro Ser interior, en nuestras habilidades, nuestros dones y nuestros talentos. *Una Vida maravillosa que espera que la vivamos en plenitud y nos impulsa a seguir adelante a pesar de las dificultades. Una Vida que anhela ver nuestro crecimiento y nuestra realización porque, aun antes de que naciéramos, Ella ya había pensado en nosotros.*

Tanto la Profundidad como la Superficialidad conviven en cada ser humano, son distintas facetas de una misma realidad. Por momentos son amigos y por momentos son enemigos que en apariencia luchan entre sí, pero que en realidad son una misma cosa en busca "del éxito y de la felicidad".

Una competencia que yo viví en carne propia y que generó un sinfín de experiencias y vivencias.

En una búsqueda permanente de mi Vida interior, de mis recuerdos más preciados, sentí que era el momento justo para darla a conocer. Sé que esta historia hoy puede ver la luz porque miles de personas, al igual que yo, indagan y se sumergen en las profundidades de su Ser para jugar y vivir una Vida en busca del máximo rendimiento en la alta competencia. Es un trabajo que cada uno de nosotros a diario necesita realizar en su interior, atravesando capa por capa, hasta ser capaz de decirse a sí mismo: "¡Me he parido nuevamente!". Creo que uno nace en varias oportunidades en la Vida, primero cuando nuestra madre nos da a luz y luego en cada encuentro interior en el que hallamos la profundidad necesaria para dar a luz al León o a la Leona: ese sueño que nos impulsa a poner todo de nosotros, nuestras energías, nuestro tiempo, nuestra pasión, nuestros contactos.

Dar a luz un sueño nos permite descubrirnos cada día un poco más a nosotros mismos. Y cada desafío que somos capaces de afrontar es un "sí" que le decimos a la Vida, es reconocer que si ese sueño se instaló en nuestro corazón, nos pertenece y es a uno mismo a quien le compete llevarlo a cabo. Nadie puede sentir tu sueño, ponerlo en marcha, amarlo, cuidarlo y protegerlo como puedes hacerlo tú. Tu sueño tiene la fuerza suficiente para que ese León y esa Leona, que aún están adormecidos, despierten y se lancen a la conquista.

La realización de tu sueño le dará sentido, propósito y destino a tu vida. Y a partir de allí vendrán nuevos retos, nuevas metas, nuevos logros, pero para llegar a lo mejor debes animarte a dar el primer paso. Si yo pude, te aseguro que tú también puedes hacerlo.

Por eso, amigo lector, mi objetivo no es contarte una hazaña deportiva sino una historia de vidas entrelazadas, de distintas disciplinas que se cruzan, que ya era tiempo de revelarle a todo aquel que anhela llegar a "la cima", que tiene sueños y metas por alcanzar; porque cuando somos capaces de mirar hacia nuestro interior, de cambiar aquello que no está funcionando, de combatir el miedo que ruge en nuestros oídos haciéndonos pensar que aquello que queremos es imposible o no es para nosotros, todas las cosas se alinean a nuestro favor y lo que parecía lejano comienza a conquistarse. Deseo, desde lo más profundo de mi Ser, que estas páginas te sirvan de inspiración para que pueda nacer en ti el León, la Leona que todos llevamos en nuestros genes y que es capaz de vivir una Vida al máximo y de dejar herencia para aquellos que vendrán detrás de nosotros.

SERGIO "CACHITO" VIGIL

PARTE 1

El encuentro

Un día se encontraron la Superficialidad y la Profundidad.

A su lado se encontraba la Vida, observándolas conversar todo el tiempo, paseándose entre ellas…

El motivo del encuentro fue una entrevista propiciada por la Superficialidad que después de muchos intentos fue aceptada por la Profundidad, no sin ciertas condiciones. Las condiciones eran que la conversación incluyera atención, respeto y apertura de ambas partes. Que esta llegara a su fin solo en el momento en que las dos sintieran que habían podido expresar y recibir todo lo que necesitaban. Que el apuro no fuera el protagonista.

De común acuerdo aceptaron el trato y se alejaron del Planeta Tierra por un tiempo indeterminado. El encuentro se produciría en secreto, en un contexto apropiado donde ambos se dieran cita para debatir su influencia en la Vida humana. Cuando finalmente llegó el día en que se vieron cara a cara —en un espacio nuevo, neutral y hasta ahora jamás explorado—, surgió la primera pregunta como un rayo que cae a tierra después de mucho tiempo de espera:

S: ¿Estimada Profundidad, qué es lo que la desvela en esta Vida?

P: Si hay algo que me desvela en esta Vida es el poder ayudar a las personas a descubrir su profundidad. Es un recorrido fantástico, incierto, mágico, lleno de novedad de Vida que nos invita a sacar valor.

S: Días atrás mientras planeábamos este encuentro, usted me comentaba que necesita prepararse para las entrevistas.

P: Sí, es cierto.

S: ¿Qué significa prepararse?

P: Prepararse es "pararse antes". Si me lo permite, me explayaré un poco más.

Preparar el cuerpo, la mente y el alma para el momento que vamos a vivir nos brinda la posibilidad de empezar a abrir las compuertas internas. Abrir las compuertas internas es generar un momento de intimidad y de independencia que nos conduzca a un estado de paz interior, de conexión libre y amigable con nuestro propio ser. Sería algo así como anticiparnos al disfrute del momento que vamos a vivir, pero sin expectativa cognitiva cerrada.

Si el momento que voy a vivir es una entrevista, no me gusta pensarla antes pero sí sentirla; la preparación de una entrevista no tiene que ver con estudiar las posibles respuestas sino con ser capaz de llegar a ella con las compuertas abiertas.

S: ¿Cómo es eso?

P: Preparar lo cognitivo para estar vacío, pero disponible, será el gran desafío; es decir: liberar la mente y que esta quede totalmente en blanco y lista para sorprenderse. Además, que el corazón y el espíritu estén en equilibrio, para permitir un espacio para la emoción y la sorpresa. Cada momento de la Vida se asemeja a un partido —empleando un término deportivo—, es *el partido de la Vida*.

Este que estamos viviendo es un partido importantísimo, es una final porque se trata de "nuestro ahora". Por eso, no puede existir nada más que este momento. Es una final que hay que ganar, lo cual tiene que ver con haber sido capaces de extraer todo lo que hay en nuestro interior en este momento y ofrecérselo al mundo.

PARTE 2

A corazón abierto

S: Todo muy lindo, estimada Profundidad, pero en la Vida el secreto es conquistar y almacenar el éxito y, a la vez, saber eludir y evitar el fracaso...

P: Le contaré algo: en toda esta búsqueda interna, este vivir con intensidad cada momento, me solía ocurrir que convivía con el éxito y el fracaso constantemente. Pero estaba bien, porque durante el día jugaba diez partidos y rara vez los perdía o los ganaba todos.

Fracasar es no entender que en el juego de la Vida se puede ganar y perder, que existen ambas posibilidades.

S: Entonces, ¿qué era tan fabuloso, Señora Profundidad?

P: Lo fabuloso era que había partidos que me dejaban un sabor inconcluso, cosas por hacer, y luego de jugarlos me preguntaba por qué no me había animado a soltar lo que tenía adentro, a preguntar tal o cual cosa, a cambiar un determinado ejercicio, a parar a esa persona en la calle y decirle esto o aquello… ¿comprende?

S: Lo estoy intentando…

P: Aunque ese partido ya había pasado, me había enseñado algo; entonces la próxima vez, tenía la oportunidad de jugarlo nuevamente de manera genuina y convincente.

Todo ese movimiento de partidos permanentes me hacía pasar del encanto a la desilusión, de la euforia a la tristeza, de la alegría al llanto. Y mientras más kilómetros de variada experiencia recorría, de repente me di cuenta de que a lo largo de mi Vida nunca dejé de viajar y que cada viaje trajo desafíos nuevos, problemas nuevos, transformaciones nuevas, una VIDA NUEVA.

Vivir desafíos nuevos implica asumir distintos niveles de riesgo; mientras que experimentar transformaciones nuevas tiene que ver con el poder transformador de una persona. Por este poder que todos tenemos, algunos creen que en lugar de decir SOY, deberíamos decir ESTOY SIENDO… en un eterno presente.

S: Creo que este es el momento de empezar a preguntar lo verdaderamente importante, sin preludios, sin vueltas. Algo que he tenido atragantado durante siglos

y cada día se agudiza más y más: ¿Por qué se empecina tanto usted en combatirme cada día?

P: Si lo combato tanto es porque creo que está privando al Ser Humano, y a la sociedad en su conjunto, de la posibilidad de atreverse a conocer su esencia y así disfrutar de sí mismos.

S: Nunca nadie me ha dicho explícitamente esto aquí en la Tierra, yo veo que todos están muy cómodos.

P: ¿Usted nunca probó mirar detrás de la retina?

S: ¿Mirar detrás de qué?... ¡usted me hace cada pregunta!

P: Claro, el mirar detrás de la retina demanda una conexión honesta y amorosa con el otro. El mirar internamente permite descubrir, y descubrir significa "dejar de cubrir". Esto tiene que ver con aquello que no es percibido por los ojos y lo poco que la gente sabe mirar en nuestra sociedad. Para usted, que todo quede totalmente cubierto, empacado y cerrado es su única posibilidad de éxito actual.

S: ¿Y qué pretende usted, que me descubra y me arriesgue a quedar expuesto en la selva ante la sociedad?

P: Es que su máscara no nos permite vernos a nosotros mismos y a los demás.

Si logramos quitársela, podremos ayudar a otros a despojarse de su máscara externa y verse en lo más profundo de su ser.

Continuar transitando por el camino de la superficialidad es dejar de lado la propia realidad que puede estar escondida detrás de esa máscara.

S: Permítame decirle que desde Goffman (famoso sociólogo canadiense), la sociedad ha sido vista como un escenario en el que representamos diferentes roles sociales mediante la utilización de máscaras; lo hacemos a través de actuaciones con uno o más papeles o rutinas y ante la misma o distintas audiencias.

P: Goffman dice también que cada uno de nosotros desempeña un rol y es en este mismo donde nos conocemos mutuamente; también donde nos conocemos a nosotros mismos.

Cuando la máscara representa el concepto que nos hemos formado de nosotros mismos —el rol de acuerdo con el cual nos esforzamos por vivir—, esta máscara es nuestro verdadero Yo: el yo que quisiéramos ser. De manera que nuestro rol llega a convertirse en una segunda naturaleza y parte integrante de nuestra personalidad.

S: ¿Qué grado de madurez y de profundidad se necesita tener con uno mismo para reconocer que hay que quitarse una máscara?

P: En primer lugar, hacer una pausa en la Vida y entender que el atreverse a mirar aquello detrás de lo cual uno se esconde ya tiene un grado de madurez y de profundidad. Es un camino doloroso al principio porque nos encontramos con nuestra propia vergüenza, con nuestra propia debilidad. Pero con el tiempo, nos damos cuenta de que la debilidad no es algo trágico ni vergonzoso, todos somos débiles de algún modo. Por ese motivo, no hay que esconder las debilidades sino saber dirigirlas.

S: ¿Dirigirlas?

P: Sí, dirigirlas. Por supuesto que esto implica conocerlas antes, ser capaz de observarlas y, sobre todo, comprenderlas.

S: ¿Pero esto no es muy delicado y difícil de plasmar en nuestra sociedad?

P: Sin duda, debo advertirle que se encontrará con reglas o mitos impuestos como que el conductor o el líder nunca debe quedar mal parado ante sus dirigidos, siempre debe tener la última palabra y si desconoce algo, el otro no se tiene que dar cuenta. Esta regla que nos han impuesto lamentablemente es insalubre e insostenible y atenta contra la naturaleza y la confianza de las personas. Por tal motivo, el no esconder nuestras debilidades sino aprender a dirigirlas nos generará libertad. Además nos proporcionará tanto un anticuerpo personal para poder seguir en el camino de la búsqueda y el crecimiento, como un anticuerpo para los demás.

S: No comprendo de qué se trata esto de la generación de anticuerpos…

P: Es que en muchos casos, lamentablemente, el Ser Humano habla de sí mismo en términos de escasez y maltrato. Casi siempre percibimos nuestra escasez con rapidez pero nuestra abundancia, no. El Ser Humano se autodestruye con un nivel de autoexigencia muy grande, y es precisamente allí donde tiene la particularidad de ver siempre escasez; me he dado cuenta de que alguien exigente consigo mismo es una persona muy capaz y talentosa para ver siempre aquello que le falta, y no lo que ya tiene.

¿Sabe una cosa? El autoexigente, de algún modo, es similar a usted: un terrible impostor de la esencia de la vida. En este caso, la diferencia radica en el hecho de que él va a lo profundo. En realidad, cree que va en esa dirección pero de ninguna manera es así porque su autoexigencia siempre tiene que ver con el deber ser del afuera, muy pocas veces se conecta con su propia naturaleza y su propósito en la vida, su para qué.

S: ¿Podría profundizar un poco más en el "para qué" que acaba de mencionar, por favor?

P: "Para qué" como sinónimo de sentido, de propósito. Cuando vinculamos nuestro "hacer" con nuestra "razón de ser", cuando actuamos con un propósito de vida basado en los valores humanos más profundos, ese hacer adquiere un sentido y está alineado con nuestra realización como personas.

PARTE 3

El entrenamiento

S: Necesito compartir lo que estoy sintiendo en este momento.

P: Sí, por supuesto.

S: ¿Me permitiría volver un poco atrás, estimada Profundidad?

P: Sí, claro.

S: Me estoy dando cuenta de que la Superficialidad es la máscara que yo mismo me coloqué para no enfrentar mi verdadero ser. Por eso, preferí la quietud y la comodidad de la superficie. En este momento reconozco que puedo pertenecerme a mí mismo, lo cual no estoy seguro de lograr. ¿Puedo continuar por favor?

P: Más que nunca.

S: Quisiera que me responda esta pregunta: ¿cómo se maneja la reputación que uno fue creando? La presión de esa reputación hace que uno la quiera mantener y crea que debe ser un súper-hombre o una súper-mujer, el/la cual no puede fallar nunca.

P: Se va a ir dando cuenta de que en la Vida lidiamos con una doble definición de uno mismo: uno mismo como imagen construida por percepciones e interpretaciones de los demás, y uno mismo con nuestra propia identidad y el jugador del juego ritual. He aquí la distinción entre el valor de una mano de naipes y la capacidad de la persona que juega.

S: Pero una vez que una persona ha ganado una reputación (de jugador bueno o malo), esta se convierte en parte del rostro que en adelante debe mantener para poder participar del juego.

P: Si nos afirmamos en nuestra identidad y trabajamos en ella, lo que lograremos es mayor coherencia con la imagen y se podrá decir entonces que somos íntegros, lo cual es mejor que intentar salvar la reputación. Se trata de ser auténtico con uno mismo y con los demás.[2]

---

2. Erving Goffman, *Ritual de la Interacción*; Editorial Buenos Aires, Tiempo Contemporáneo, 1970.

Pero, si tiene ganas, le comparto la experiencia de un entrenador deportivo y su equipo durante un torneo. Creo que aportará más claridad al tema que estamos debatiendo.

S: De acuerdo, soy todo oídos…

P: Resulta que un entrenador y su cuerpo técnico estaban en la búsqueda de la mejor manera de armar la táctica para jugar un partido trascendental contra Holanda. El gran desafío era encontrar la manera de contrarrestar el pressing holandés. Trabajaron, pensaron y analizaron infinidad de videos y acciones para encontrar la solución que les permitiera romper el pressing rival y proporcionarle a su equipo las herramientas técnico-conceptuales adecuadas para entrar en la cancha con todas las posibilidades de ganar. Pero no podían avanzar, les faltaba algo, y las soluciones que encontraban no eran convincentes ni eficaces. La charla estratégica del partido se avecinaba, en una hora todas las jugadoras se reunirían en una sala para escuchar a sus entrenadores y recibir el plan del partido.

¿Qué quedaba por hacer ante una dificultad semejante? En primer lugar, establecieron que era fundamental que las jugadoras no advirtieran inseguridad ni percibieran que el plan que les entregarían no sería el más adecuado. El punto

---

– El ejemplo del juego de los naipes pertenece a Erving Goffman.

Philip Manning, *Erving Goffman and Modern Sociology*, Stanford, Calif.: Stanford University Press, 1992.

era cómo lo disfrazaban. Tendrían que poner gran énfasis, apelar a la emotividad y hacer uso de un lenguaje corporal convincente para disimular la falta de contenido real. Con todos esos artilugios quizás podrían enviar a la cancha a un equipo convencido; tal vez la fuerza de voluntad y la gran motivación, producto de semejante inflador, haría lo demás. Hay un lema instaurado que dice: "Lo que menos importa es si un plan es el mejor; lo verdaderamente importante es que los jugadores estén convencidos de que sí lo es".

En ese instante se produjo un silencio y de repente apareció el subconsciente de la Vida que, con un tono de preocupación, preguntó:

V: ¿Los pequeños detalles, aquellos que marcan la diferencia, de dónde provienen? Por lo que veo, se cubrieron todos los detalles emocionales pero no los conceptuales. La jugadora no sabe que cuando se encuentre con el pressing holandés, las indicaciones dadas por el cuerpo técnico no le proporcionarán soluciones reales. ¿Qué ocurrirá en el momento en el que se enfrenten con la realidad? ¿Estarán preparadas para que ese impacto no afecte su espíritu ganador? Lograrán, por cierto, esconder las debilidades ante sus jugadoras, pero no ante el contrario ni el juego. Además, al no ser conscientes las jugadoras de que van a ir a la cancha con esa debilidad táctica, tampoco van a tener la posibilidad de escondérsela al rival porque no está asumida.

Pequeños detalles que no están teniendo en cuenta... Y

pensar que dicen que a este nivel, el más mínimo detalle hace la diferencia.

¿Son conscientes de que las soluciones conceptuales que les van a proporcionar para el pressing y el tipo de charla que piensan realizar los pueden enviar a la "muerte deportiva"? Podrán taparlo superficialmente pero aquello que está en lo profundo se les vendrá encima en el momento crucial si no son responsables, generosos y honestos. ¿Cuál es en este momento el problema real que los aqueja? Temen que se muera la confianza del grupo hacia "ustedes" si las jugadoras se llegan a dar cuenta de que todavía no encontraron la manera de jugar. Por esta razón van a esconder la verdad, porque temen quedar debilitados ante su equipo si la asumen. El problema real ya dejó de ser la táctica ante Holanda para convertirse en su propia supervivencia. Por temor a no debilitarse, inexorablemente debilitarán a su equipo. Lo mejor es no esconder las debilidades sino aprender a dirigirlas, enfrentarlas y buscar una solución en equipo, creer en las jugadoras, respetarlas.

P: ¿Pero qué van a pensar las jugadoras? Seguramente que no somos un cuerpo técnico capaz, perderán la confianza y el respeto por sus conductores.

V: También podría ser al revés y que la situación provoque un click de confianza superior...

P: Media hora más tarde el cuerpo técnico y las jugadoras se encontraron en la sala para la charla técnica:

"Chicas", dijo el entrenador, "les voy a compartir y a mostrar todo el estudio que hicimos de Holanda. Ellos hacen esto con pelota, esto sin pelota y esto en las jugadas fijas. Para su juego con pelota tenemos todas estas soluciones y herramientas entrenadas para crearles problemas; lo mismo para las jugadas fijas. En su juego sin pelota están realizando un pressing diferente del que teníamos estudiado y queremos compartir con ustedes posibles soluciones.

Las que hemos encontrado con el cuerpo técnico todavía no nos satisfacen pero creemos que juntos podemos planificar algo superior. Por ahora hemos llegado a estas soluciones y aquí es donde juntos tenemos que descubrir algo más.

Nos gustaría saber qué sienten, qué pequeños detalles nos están faltando aportar para que ustedes puedan jugar con comodidad y confianza la salida de fondo ante el pressing. Creemos que juntos podemos agregar un plus a lo que ya tenemos y convertir nuestra salida en una pesadilla para el rival. En este momento el equipo necesita de la cabeza de todos. ¿Aceptan el desafío?".

Las jugadoras aceptaron con gusto.

"Bueno", continuó el entrenador, "entonces nos dividiremos en tres grupos de análisis y luego nos reuniremos para compartir los aportes de cada uno".

Cada grupo analizó el video, debatió internamente y construyó soluciones.

Luego de dos horas, se juntaron todas las jugadoras y, con la coordinación del entrenador y el cuerpo técnico, cada grupo le mostró al resto en compactos de video las distintas soluciones que creían era lo mejor realizar. Fue interesantísimo ver el entusiasmo y la motivación que la tarea les generó. También fue sorprendente la unidad conceptual advertida en cada grupo de lo que querían hacer. Y por último, fue mágico observar los pequeños detalles que aportaron de la manera que solo un jugador que participa del juego lo puede hacer. Abrieron la puerta final para tener una salida de fondo superior ante el durísimo pressing holandés. Se llegó a una solución increíble, acordada por el equipo entero y potenciada por el compromiso de todos. Reflexionemos entonces:

¿Qué sentimiento tuvieron las jugadoras luego de esta experiencia? ¿Sintieron que los entrenadores no sabían nada y ellas mismas tuvieron que armar la táctica? ¡Creo que no! En primer lugar, sintieron que dispusieron de un espacio para su aporte. En segundo lugar, se dijeron: "Ah, los entrenadores pudieron hasta un punto y luego recurrieron a nosotras para llegar más allá y construir algo mejor. Entonces cuando nos decían que querían sacar lo mejor de nosotras, no era una frase hecha. Tuvieron confianza en nosotras y, además, no ocultaron sus debilidades sino que las pusieron sobre la mesa y las expresaron sin ninguna vergüenza. De manera que nosotras también podremos sentirnos libres para expresar nuestras propias debilidades cuando salgan a la luz, sin que esto nos debilite en nuestro estatus como jugadoras. ¡Qué liberación!".

Ocurre que cuando uno es capaz de exponer sus debilidades y no se las guarda sino que las dirige, las puede solucionar. A partir de ahí se genera la habilitación para que el "jugador de la Vida", ante un partido o un momento trascendente, pueda expresar sus miedos antes para no llevárselos consigo y que luego aparezcan en la competencia. O pueda incluso atreverse a decirle a su entrenador, director o gerente: "Me encomendaron esta tarea y tengo mis temores porque no conozco mucho del tema", o "para realizar esta tarea me veo débil", o "no me siento cómodo", o "siento que me faltan herramientas".

Cuántas veces se le ocurre a alguien cambiar repentinamente a un jugador de puesto sin aviso previo; y él no se atreve a decir nada tampoco por miedo a perder el lugar, pero no está convencido ni preparado aún. Cuando esto ocurre no está en condiciones de jugar un buen partido, y termina perdiendo su lugar de todas formas.

S: Qué importante es poder trabajar en equipo con nosotros mismos cada día, ¿no?

P: Sin duda, trabajar cada día con uno mismo nos abrirá la posibilidad de realizar una búsqueda interna y encontrar así el embrión, la semilla, que nos permita descubrir "quién soy".

S: Cuánta actitud se necesitará para emprender ese camino, ¿verdad?

P: Toda la necesaria para elegir vivir de acuerdo con el concepto de éxito que elija, por reflexión y convicción, y no con el impuesto por los impostores de la Vida.

S: Qué sobresalto ha tenido, al parecer algo bien guardado adentro que de repente se disparó, ¿a qué se refiere con impostores de la Vida?... recuerde que estábamos hablando de actitud. Disculpe que se lo recuerde pero usted de repente se va del tema y no es fácil seguirlo.

P: Sí, lo recuerdo, lo que ocurre es que todo está relacionado. El sobresalto, sin duda, es debido a un tema que vengo debatiendo internamente hace un buen tiempo y esta conversación lo hizo resurgir.

S: Bueno, dejémoslo salir a la superficie entonces...

P: Es que cuando se habla de actitud, hay tantas cosas en el carretel para analizar...

S: Entonces aprovechemos y analicemos sinceramente este tema que me pesa y, a la vez, me interesa mucho.

P: ¿Sabe una cosa?, nuestra sociedad siempre ha hablado del valor de la actitud y de la importancia que ella tiene.

S: Es cierto.

P: Las personas que son capaces de entregar todo su corazón, su mente y su cuerpo físico en pos de un desafío que provoque crecimiento son reconocidas por su actitud.

S: Por supuesto, y bien ganado lo tienen.

P: La mayoría de las veces se anima a las personas a esforzarse para vencer sus limitaciones con tenacidad. Y que reconozcan que la actitud se demuestra en la capacidad que tenemos de trabajar sobre nuestras debilidades y mejorarlas.

S: Lo comparto.

P: Pero también cuántas veces ocurre que se le dice a un alumno: "Esto que haces tan bien vino con tu naturaleza, no demanda esfuerzo alguno de tu parte, es algo natural en ti, carece de valor".

S: Y también le dicen: "Qué bueno sería que trabajes y te esfuerces en todas aquellas cosas que te cuestan y en las que eres débil". Ocurre muchísimas veces, y qué gran desilusión provoca.

P: ¿Por qué tan pocas veces somos capaces, ante los demás y ante nosotros mismos, de valorar nuestra naturaleza, ese regalo tan preciado que la Vida nos dio, de desarrollarla hasta el límite posible con una actitud extrema? ¿Por qué usamos habitualmente el poder de la actitud sobre nuestro aspecto débil? ¿Por qué le dedicamos tanto esfuerzo a aquello que la naturaleza no nos ha brindado? ¿Por qué nos obsesionamos tanto por derrotar nuestras debilidades?

S: Sinceramente no lo sé, pero al parecer debe ser así porque se transmite de generación en generación con mucha determinación.

P: Creo que si fuéramos un poco más inteligentes y generosos con nuestra propia persona, celebraríamos primero la dicha de poseer tal naturaleza y nos enfocaríamos, después, en el apasionante camino de exploración y superación de ese diamante en bruto depositado milagrosamente en nuestro ser.

S: Prosiga, por favor.

P: Pero a ese diamante, siempre visible y dotado de un maravilloso poder interior, lo desprestigiamos invitándolo a retirarse para darle lugar a la exploración de un "posible" diamante que se encuentra muy lejos de nuestro alcance, y cuya sola idea de búsqueda nos provoca inmediata insatisfacción e inseguridad. Nuestra propia confianza no ha madurado todavía ni somos conscientes de nuestro poder interno, de nuestra fortaleza real y estimulamos a nuestro ser a embarcarse en una lucha desigual con nuestra propia debilidad. ¿Cómo podremos, de esta forma, construir identidad y seguridad?

S: Deme unos segundos para digerirlo, es una idea tan compleja como interesante… continúe, ya estoy listo.

P: En cambio, si aprovecháramos el diamante en bruto que fue depositado al nacer en nuestro ser y descubriéramos que tenía un valor aproximado de seis quilates, sin haber hecho nada aún, comprobaríamos que es un gran punto de partida para desarrollarnos que inmediatamente nos podría colocar en un lugar ante la sociedad.

S: Ese diamante en bruto se puede pulir y convertir en uno de siete quilates, ¿no?

P: Por supuesto, y lograrlo nos demandará, también, esfuerzo y dedicación. Las fases de pulido serán muchísimas, al igual que los intentos por convertirlo en un diamante de ocho quilates.

S: ¿Y para llegar a ser de nueve quilates?

P: La tenacidad, la tolerancia a la frustración y las transformaciones a las que deberá ser sometido ese diamante para llegar a ser de nueve quilates también serán innumerables.

S: Y la búsqueda de los diez quilates, ¿qué demandará?

P: Más desafiante que llegar a los diez quilates, que por supuesto será bienvenido, será no detener nunca el intento en pos de la búsqueda de la excelencia. Puede llevar toda una vida, y ya sea que la alcancemos o no, la intención de perseguirla nos guiará por una huella fantástica de descubrimiento, de crecimiento y de permanente necesidad de innovación.

Imagine esa búsqueda iluminada siempre por nuestra genuina naturaleza, regando el camino de pasión y haciendo que este sea absolutamente disfrutable y variado.

S: Me parece muy interesante su visión de este tema y, si me permite, compartiré mi interpretación de su relato, al menos las ideas que sus palabras han dejado rondando en mi cabeza.

P: Claro que sí, bienvenido sea.

S: Empezamos a mejorar las fortalezas desde el primer intento, porque partimos de un nivel de suficiencia natural. Las debilidades, en cambio, al inicio solo sentimos que las estamos empeorando porque nos lleva mucho más tiempo entrar en un espacio de mejora consciente, ya que partimos de un nivel de insuficiencia natural. Cuando uno tiene en claro su fortaleza y está parado sobre ella, enfrenta sus debilidades sin angustia, con paciencia y con un espíritu de abundancia. Cada logro, por más pequeño que sea, se sumará a lo que ya se está seguro que se es. La mejora de la debilidad sin conciencia de lo que se es provoca una profunda sensación de escasez. La persona sufre el camino porque siente que le cuesta

atravesarlo y todavía falta mucho para ver la luz. Y la luz que ve en los demás no lo estimula sino que lo hace sentirse cada vez más pequeño y sumergido en un océano inmanejable de comparación.

P: Con todo mi afecto le agradezco su devolución y su valioso aporte que no solo nutre sino que me ayuda a ver más allá de lo observado hasta el momento.

S: ¿Qué le parece si sintetizamos en dos frases todo lo debatido?, le aseguro que es un buen ejercicio.

P: Muy buena idea.

S: Veamos, yo lo sintetizaría de esta forma:

A las habilidades y aptitudes naturales que poseemos hay que sumarles toda nuestra actitud, y así darle valor a todo aquello que la Vida nos proveyó.

P: Y yo de esta forma:

Nuestros dones naturales no tienen mérito en sí mismos, lo que sí tiene valor es lo que hagamos con ellos.

S: Muy buena su síntesis, estimada Profundidad.

P: Lo mismo digo de la suya.

PARTE 4

El éxito

S: Minutos atrás, usted habló de éxito y eso me llamó la atención, aunque pasé de largo el hacer un comentario. ¿De qué se trata el éxito para usted?

P: El éxito radica en ser capaces de encontrar el ser genuino que hay dentro de nosotros para luego atrevernos a dejarlo fluir en libertad.

S: Pero ¿qué es el éxito para usted?

P: El éxito es un instante mágico y fugaz que disfrutamos mientras seguimos recorriendo el camino que elegimos, estando siempre abiertos al hechizo de un nuevo descubrimiento. Es encontrarnos un día con el verdadero sentido de nuestra vida, abrazarnos, entregarnos y ser capaces de corresponderlo y disfrutarlo hasta la eternidad.

Porque cuando lo descubrimos en nuestro interior es como encontrarnos con un embrión, con lo más genuino, con nuestra propia originalidad.

S: Expláyese un poco más en este último punto, por favor... deme un ejemplo universal.

P: A ver si puedo... "la ORIGINALIDAD consiste en el retorno al ORIGEN; así pues, original es aquello que vuelve a la simplicidad de las primeras soluciones", decía Antonio Gaudí, "donde construir un templo significa volver al jardín del origen y donde el arquitecto realiza la obra de un Dios que se ha hecho jardinero".

S: Como también dicen... CREAR es saberse NARRAR, es decir saberse vender.

P: No es saberse vender, es saberse narrar, ¡algo muy diferente! Por eso, la vida, el pensamiento y la espiritualidad de Gaudí, reflejada en su obra la Sagrada Familia, es sinónimo de un éxito que ha trascendido su propia existencia.

S: Todo muy bien pero volviendo al tema que estábamos tratando, casi desde el comienzo, ¿cómo me enfrento a la superficialidad si yo mismo soy ella? ¿Cómo me enfrento a todas las criaturas que creé? ¿Cómo las hago girar 180 grados? Yo mismo me doy cuenta de que deseo

probar no serlo, pero fueron muchos años de doctrina incorporada…

P: Si quiere, le cuento cuál es mi estrategia diaria para poder enfrentarla…

La Vida habló nuevamente:

V: Esta conversación cada vez me interesa más…

P: Con respecto a la superficialidad existente, me parece que primero hay que adaptarse (al menos de modo superficial) a la realidad del mundo en que vivimos; de lo contrario, nos será imposible cambiarla. Pero adaptarse hasta ahí nomás, adaptarse en todo el funcionamiento externo dejando siempre espacio para uno mismo. Es decir, adaptar aquello que no es importante, no lo genuino y sustancial. *No se contamine de lo que no le convence y aprenda a dirigir esa contaminación.*

S: ¿A qué se refiere cuando dice "aprenda a dirigir esa contaminación"?

P: Lo que quiero decir es que no vaya contra la corriente groseramente, sino hágalo de manera sutil; si va groseramente, generará un escudo protector en el otro; en cambio, si va sutilmente, generará una energía subliminal invisible pero perceptible. Esta provocará confianza en el otro y la necesidad de avanzar.

Por eso, desde mis inicios jugué con la metáfora porque no podía ir groseramente, ni ante la sociedad, ni ante los jugadores que dirigía. No les podía decir: "La verdad es que la copa en sí, la medalla olímpica, la medalla mundial, el número uno del ranking son nada más y nada menos que una excusa muy atractiva y estimulante. Pero el "Olimpo Sagrado" es otra cosa que está mucho más allá de esas conquistas.

S: Usted no tenía ni idea en ese entonces de lo que era tener una medalla olímpica alrededor del cuello y de la importancia que esta tiene en sí misma...

P: ¡Por tal motivo no les podía decir eso! No les podía decir que esas conquistas no eran el fruto, que no eran la gloria; de lo contrario habría sido muy chocante e incomprensible para ese momento inicial de conocimiento mutuo.

S: Pero usted se daba cuenta de que estaba en el lugar equivocado: la alta competencia.

P: También en ese mismo momento me preguntaba por qué me atrapaba tanto la alta competencia deportiva. En verdad, me atrapaba la alta competencia de la Vida y en el deporte era muy fácil plasmarla porque esta nos brinda una gran oportunidad para desafiarnos a romper los propios límites todos los días.

Vivimos en un mundo que tiene muchas cosas lindas y puras alrededor, pero también mucha contaminación, por eso es fantástico recorrerlo y probarse a uno mismo en ese contexto. La superficialidad, por ejemplo, en ese ámbito bien puede ser el endiosamiento de una copa o una medalla, si se trata de algo a lo que le damos valor solo en sí mismo.

S: Discúlpeme pero no entiendo nada, ¿me está invirtiendo la tabla de valores?

P: Para ser más claro, trataré de abordar y profundizar en situaciones que se nos presentan de forma compulsiva a diario en nuestra Vida y nos invitan a obsesionarnos en nuestro camino. Tenemos que ir por más, la Vida nos obliga a ir por más. La Vida es una voz silenciosa e invisible que nos obliga a ir por más. Entonces la Vida preguntó:

V: ¿Pero qué es ir por más?

P: Qué buena su pregunta porque deja al descubierto un gran problema, y es que en la Vida actual parecería que el ir por más siempre debe estar asociado con obtener un logro numérico superior.

Llegar no es fácil pero lo más difícil es mantenerse. Una frase muy cotizada y respetada que se va transmitiendo de generación en generación con un peso notable.

S: Muy buena frase.

P: Pero ¿qué significa esta frase? ¿Cuál es el verdadero espíritu de la misma? ¿A qué se refiere cuando nos impulsa a mantenernos? ¿Dónde se deposita el foco?

S: Me extraña su duda, Señora Profundidad. Esta frase es muy potente y significativa por su claridad. El foco es más que obvio.

El sistema está organizado de forma tal que cada persona, o profesional, se desafíe a crecer permanentemente en busca de ir escalando posiciones corporativas, ranking, etc. El objetivo máximo es llegar al peldaño más alto que sea posible; de esta forma, a medida que uno vaya escalando, su reputación, prestigio y poder se engrosarán. Pero solo el que llegue al último peldaño será el más reconocido, el número uno, el mejor.

Para llegar a ese sitio antes tendrá que vencer todos los obstáculos y, uno por uno, a todos los rivales que desean llegar también a ese espacio de privilegio. La tarea es ardua y muy difícil, pero más difícil aún será para el que llegue poder mantenerse. Porque llegar a ser el número uno significa la gloria, el Olimpo, el espacio

deseado por todos, y cuando se alcanza la cima todos los demás son rivales que luchan por la corona.

El poder mantener una corona a través del tiempo nos hace grandes de verdad, distintos, campeones, los mejores. Por esta razón, debemos luchar como sea por mantenernos en lo más alto, no permitir que los oponentes nos alcancen y nos quiten el cetro: "el primer lugar". Si lo hacen, habremos retrocedido y perderemos espacio, lugar, beneficios y oportunidades que solo siendo un número uno podemos tener.

P: Es interesantísimo su discurso, Doña Superficialidad, tan contundente como abierto para el espacio de debate. ¿Le puedo hacer una nueva pregunta?

S: Sí, por supuesto.

P: Si usted tuviera la posibilidad de elegir, ¿a quién elegiría: al número uno o al mejor?

S: El mejor es el número uno. Al número uno lo sustentan sus resultados numéricos. Por ese motivo no se lo puede discutir. Le pese a quien le pese los resultados lo avalan y contra la evidencia no hay discusión posible.

P: ¿Y qué es lo que sustenta al mejor?

S: Perdóneme pero usted me hace reír, lo sustenta ser el

número uno, por eso es determinante mantener la corona como sea. Porque si la pierde dejará de serlo.

P: ¿Es decir que si pierde el número uno ya no será el mejor?

S: Obviamente que no.

P: Si usted tuviera la posibilidad de enviar a su hijo al mejor colegio, ¿lo enviaría al número uno?

S: Si pudiera hacerlo, sí.

P: Si usted tuviera la posibilidad de elegir al mejor asistente, ¿elegiría al número uno?

S: Por supuesto que sí.

P: Si usted tuviera la posibilidad de elegir al mejor vendedor, ¿elegiría al número uno?

S: Totalmente.

P: Si usted tuviera la posibilidad de tener a la mejor mujer, ¿elegiría a la número uno?

S: No le puedo decir que no (risas).

P: Si usted tuviera la posibilidad de elegir un lugar donde colocar su dinero ahorrado, ¿elegiría al número uno?

S: Sin duda.

P: Ahora yo le vuelvo a preguntar para que reflexione, pero no es necesario que me conteste si no lo desea. ¿Qué haría usted si el colegio de su hijo al tercer año dejara de ser el número uno y pasara a ser el número tres, lo cambiaría al número uno actual? ¿Qué decisión tomaría si su vendedor número uno dejara de serlo, lo cambiaría? ¿Qué haría con su mujer si dejara de ser la número uno, según el patrón de belleza general, existiendo la posibilidad para usted de disponer de la nueva número uno?

S: En la Vida, si es posible, siempre hay que apuntar a lo mejor. Además la Vida es corta y no nos da revancha.

V: ¿No doy revancha? Yo siempre les doy nuevas oportunidades a aquellos que las buscan.

S: Hay que aprovechar el momento y obtener una diferencia mientras uno sea el número uno, porque nunca se sabe si vamos a poder seguir siéndolo.

P: ¡Es cierto! El problema radica en la inconsistencia y la inseguridad que tendrá nuestro ser, porque ese "poder ser" siempre estará sujeto al "poder tener". Solo seré cuando tenga la corona, solo ella me hará sentir que soy…

Solo seré cuando pueda superar a todos los demás…

Cuando lo logremos, nos sentiremos grandes, muy grandes, obsesivos de nuestra grandeza, muy preocupados por sostenerla. Y cuando no lo logremos, nos sentiremos pequeños y descartables. Por eso, quizás descartemos a nuestra mujer o nos descarten a nosotros cuando ya no seamos el número uno. Por eso, quizás no valoremos a nuestro mejor vendedor por su consistente calidad a través del tiempo cuando defienda la posibilidad de elegir vender en lugar de despachar, con el riesgo que esto implica a nivel personal de no llegar al premio a fin de mes por ser el que factura más.

S: Tal vez ser el número uno, que significa ser el mejor, no es para todos sino para unos pocos que pasarán a la historia porque fueron distintos.

P: Es complejo e interesante el asunto y da para mucho debate, ¿no? ¿Qué le parece si hacemos una pausa en este punto, ambos reflexionamos sobre los valiosos aportes que han salido de uno y de otro lado, nos tomamos un tiempo para que maduren en nuestras mentes y cuando estemos listos para seguir, continuamos?

S: Me parece bien, pero estoy entusiasmado con la charla. Podemos seguir adelante con lo que aparezca y si en

algún momento surge la necesidad de retomar este punto, como producto de la maduración que usted mencionó, lo hacemos.

Dejamos por un rato el debate sobre el número uno y el mejor, que es lo mismo pero no es igual… pero me interesa retomar el concepto de que el logro no es la gloria, ya que tengo muchos deportistas adeptos que lo refutarían al instante.

PARTE 5

El ser y el ganar

P: El logro solo es un objetivo logrado, una meta cumplida, no puede ser la gloria, esa mágica sensación; si queremos llamarlo gloria tendría que ser "gloria fugaz", porque una vez obtenida tendremos que ir por otra inmediatamente y en ese mismo momento en el que estamos yendo por otra, estamos soltando la que conseguimos. Porque si no la soltamos y nos aferramos a ella, quedaremos monolíticamente muertos. Es sorprendente descubrir que cada vez que se dice "hay que ir por más" lo que se está soltando es el logro, eso que supuestamente era la gloria. Ese logro no era la gloria ni era el final, fue un gran desafío cumplido que demandó mucho esfuerzo, que nos guió, nos apasionó, nos fortaleció y nos enseñó.

S: Y que nos dio una confianza externa impresionante.

P: Porque antes conseguimos una confianza interna sólida y superior. ¿Se ha dado cuenta de una cosa? El sistema de Vida en nuestra sociedad actual nos lleva a enfrentar objetivos más difíciles cada día, soltando los otrora conseguidos. Nos impulsa a crecer permanentemente en la carrera corporativa. Nos lleva a intentar defender el tope del ranking a capa y espada, a defender el prestigio numérico conseguido. Pero es llamativo y fundamental identificar que lo único que la Vida nunca nos ha impulsado a soltar es el camino. Ciertamente lo único que no soltaremos mientras perseguimos esos objetivos, de manera incesante y autómata, es el camino, la búsqueda; lo demás siempre deberemos soltarlo para poder seguir creciendo.

S: Discúlpeme, Señora Profundidad, pero es imposible advertir, y mucho menos vivenciar, el camino mientras uno lucha por el objetivo; lo único que tenemos en la cabeza en esos momentos es el foco en aquello que tenemos que conseguir, y luego cómo defenderlo de la voracidad externa para conservarlo.

P: Así es, la obsesión por mantener la corona nos enfoca solo en ella, en lugar de soltarla, nos aferramos aún más y el objetivo pasa a ser que no nos la quiten en lugar de construir una mejor. Nuestro foco entonces se empieza a depositar más en el oponente que en nuestro propio recorrido del camino, en el avance del rival más que en nuestro propio avance.

S: Es la sociedad, la Vida, la que nos aferra a él y nos demanda mantener el logro; naturalmente "ir por más" significa no perder la corona o que el oponente no nos la quite. Y no veo problema ni discusión que deba hacerse de esto, es así y hay que adaptarse.

P: Es que de los logros numéricos será conveniente desprenderse rápido, no así de la forma que posibilitó conseguirlos. Con la experiencia vamos descubriendo que el fruto no estaba en el logro; el fruto estaba en el recorrido del camino. El logro era la excusa o la carnada que nos poníamos.

S: ¿Excusa, carnada? ¿Pero usted en qué mundo vive? El logro no es lo importante, es lo único, es el leitmotiv de todo lo que hacemos, de todos nuestros desafíos.

P: En la búsqueda de sentido en la Vida, los desafíos que decidimos enfrentar no son el leitmotiv sino grandes excusas para encontrar algo.

S: ¿Pero sabe por qué nos terminan felicitando siempre en la Vida? ¡Por el logro!

P: Es que ahí está el problema, si nos quedamos siempre en un "te felicito por los logros", estamos celebrando el *qué*; cuando ya no esté el *qué*, seguramente no vamos a felicitar más.

S: Naturalmente, ¿usted pretende que le den un bono contribución permanente?

P: Creo que la felicitación genuina tiene que ver con el cómo, con todo lo que hemos hecho para cultivar lo mejor de uno mismo y llegar a ser el mejor que podemos ser. Ese puede ser el gran leitmotiv de nuestra vida: todos los días desafiarnos a "ser los mejores que podamos ser".

Muchas veces vamos a perder la competencia con otro ser humano o con el desafío numérico propuesto, y sobre eso ciertamente no tendremos control; pero lo más importante será no perder la competencia contra nosotros mismos, algo sobre lo que sin duda "sí" tenemos control.

S: A esta altura, ser el mejor que podamos ser, no perder la competencia con nosotros mismos, me agotó. ¿No es autoexigencia también? ¿No podemos tener una mirada más amorosa con nosotros mismos? A veces, cuando no estamos tan bien o no nos sentimos llenos de energía, ¿no podríamos darnos tiempo?

El tiempo humano no corre igual que el cronológico o el del reloj. Por otro lado, creo que todos sabemos muy bien cuando somos haraganes o nos hacemos los distraídos, y cuando necesitamos ese impasse o simplemente un descanso, ¿verdad?

P: Sí, por supuesto, lo comparto, pero ¿qué le ha pasado, por qué se ha puesto así tan repentinamente?

S: Es que… no lo tome en cuenta, fue un espasmo visceral que se disparó de repente, pero ya se fue y no quiero darle lugar en este momento.

P: ¿Seguro que no quiere darle lugar?

S: Seguro, no me quiero ir del tema en que estábamos antes de mi inoportuno espasmo. Le voy a contar algo sobre perder y ganar porque yo también tengo cosas para aportar…

Tomás Edison declaró como posible la visión de la luz eléctrica y se comprometió con la creación de una fuente de energía que mejorara la calidad de vida de las personas. Es bien conocida la historia de todos los intentos fallidos que tuvo que transitar y superar hasta lograr el objetivo propuesto. Cuando le preguntaron cómo hizo para mantener su perseverancia, habiendo fracasado 138 veces, respondió: "Yo nunca lo intenté ni fracasé. Tan solo a lo largo del proceso encontré 138 formas de no hacer la lamparita eléctrica. La única posibilidad de que yo no lograra mi objetivo hubiera sido morirme antes de haberlo hecho realidad".

Aquí estamos ante la importancia de tener visión; se

creó nada más ni nada menos que la luz eléctrica, un ganar rotundo, una obstinación hasta lograrlo.[3]

P: Qué bueno, entonces estamos hablando de lo mismo, ¿se da cuenta? Su increíble ejemplo lo demuestra. Porque en él hay detrás una mirada más profunda que el propio logro, y es el proceso realizado que generó una búsqueda permanente, con la paciencia de una convicción iluminadora.

S: Todo muy bien, pero en esta vida es fundamental ganar, querido colega…

P: Por supuesto, no lo niego y lo comparto, pero en realidad ¿qué es ganar?

S: Bueno, es simple, ganar es…

V: Les propongo algo, si están de acuerdo.

S: ¿Qué nos propone?

V: Hacer un ping pong espontáneo y compartir sensaciones de lo que significa ganar para cada uno de ustedes.

P: Interesante.

---

3. Oscar Anzorena, *Maestría personal, El camino del liderazgo;* Buenos Aires: Ediciones Lea, 2008.

S: Me gusta la idea, empiezo yo, ¿le parece bien?

P: Sí, con todo gusto.

S: Ganar es superar al oponente. Su turno, estimada Profundidad.

P: Ganar es superarnos a nosotros mismos.

S: Ganar es hacer un gol más que el rival.

P: Ganar es hacer un gol más que el día anterior.

S: Ganar es cumplir el objetivo.

P: Ganar es retirarse tranquilo de la cancha de la Vida, con la conciencia tranquila por haber dejado hasta la última gota de sudor, Amor y dedicación.

S: Ganar es lograr ser feliz.

P: Ganar es sentirse feliz.

S: Ganar es no perder.

P: Ganar es ser capaz de no perderse cuando uno pierde.

S: Ganar es no fracasar.

P: Ganar es no sentirse fracasado.

En una clara demostración de insatisfacción e ironía, la Superficialidad prosiguió diciendo:

S: Si no se ofende, Profundidad, me gustaría cambiar el turno y contestar después de usted, vamos a ver lo que siente cuando se menosprecia lo dicho por usted con una refutación que parte del aprovechamiento de la idea del otro.

Puede ser una experiencia interesante para alguien que dice que para entender al otro hay que ponerse en sus zapatos. Probemos a ver qué le pasa a usted estando del otro lado.

P: Tiene mucha razón, discúlpeme, intentaré aprender de esta experiencia y del mensaje que usted me ha dejado. Para mí ganar es lograr sacar todo el oro que tenemos adentro.

S: Para mí ganar es lograr conseguir todo el oro que esté en juego.

P: Ganar es haber superado nuestros propios límites.

S: Ganar es haber superado un obstáculo o dificultad que otros no pudieron superar.

P: Ganar es una posibilidad.

S: Ganar es lo único.

P: Ganar es entender que, más allá del resultado, no se puede ser desleal ni a los principios ni a los compañeros.

S: Ganar es entender que si no hay un resultado, no hay más allá.

P: Ganar es una sensación.

S: Ganar es una sensación única que nos brinda un placer infinito.

P: Ganar es tener más confianza cada día.

S: Ganar es tener más títulos, más dinero cada día.

P: Ganar es haber logrado ser el mejor que podíamos ser.

S: Ganar es haber logrado ser el número uno.

V: ¿Es interesante no?

P: La verdad que sí.

S: Y bastante estresante también.

V: ¿Por qué lo dice?

S: Por todo lo visto y escuchado, el ganar es mucho más complejo y controvertido de lo pensado. Cada concepto de ganar expuesto por usted me suena disonante. Y para serle sincero, las sensaciones que me produjeron cada nota ejecutada por usted en mi melodía de ganar, provocó un gran ruido en mis oídos y desafinó mi guitarra ganadora.

P: Que le haya hecho ruido no está mal. Cuántas veces esa sensación provoca un espacio reflexivo diferente; en muchos casos, las notas discordantes son potenciales sonidos que no encontraron todavía un lugar, y que la guitarra ganadora se desafine de vez en cuando nos demuestra que ella no es perfecta ni infalible. Además quisiera decir que sus notas también me hicieron ruido y aún resuenan en mi mente en forma muy intensa y desafiante.

S: En qué problema nos hemos metido, hemos quedado ambos en un estado de desequilibrio y eso es muy peligroso. ¿Se da cuenta de que las cosas deben ser más simples, que es un error empecinarse en encontrarle la vuelta a todo?

P: Es cierto que en este momento podemos sentir desequilibrio y que seguramente vamos a tener que desaprender ciertas cosas, si queremos lograr un nuevo espacio de entendimiento. Es cierto que en ese transcurrir sentiremos inestabilidad en muchos momentos, y que nuestra búsqueda tan ansiada del equilibrio perdido llevará un tiempo indeterminado. Pero también es muy factible que cuando lo logremos nuestro ser se haya transformado.

S: Sí, sin duda en un ser mucho más complejo que necesitará otra transformación para ser feliz y será un proceso de nunca acabar, siempre faltará algo porque en lugar de relajarse y aceptar las cosas tal y como son, buscará o inventará otro motivo para revelarse.

P: Para llegar a lo simple, que es la síntesis misma, hay que recorrer inexorablemente un camino empedrado, que sin duda es difícil y complejo, hasta que uno logra desandarlo. Es entonces recién en ese momento donde todo se simplifica (se convierte en concepto).

S: Todo me parece muy bien pero ¿sabe qué ocurrirá cuando usted y sus discípulos encuentren lo simple? Irán en busca de otra complicación, y otra, y otra, y su Vida volverá a hacerse compleja.

V: Entiendo que la Superficialidad lo llame "complicación", de verdad que lo entiendo. Y creo que en el camino de la Profundidad, cada uno llega hasta donde quiere y puede, y a su propio ritmo. También creo que una vez que uno comienza a transitarlo sinceramente, es casi imposible detenerse.

P: ¿Sabe qué ocurrirá cuando usted y sus discípulos logren un título? Irán en busca de otro, y otro, y otro; cuando logren ganar 20, irán en busca de 21 y luego de 22 y no se detendrán nunca hasta que choquen contra algún obstáculo, en el final de sus días.

PARTE 6

La evolución

Aquí hace su entrada la Razón…

R: ¿Me disculpan por favor? Sé que en este momento están alejados del mundo y celebro el motivo, sin duda es el encuentro más significativo de los últimos siglos.

Cada uno de ustedes ha defendido hasta el momento sus razones, desde su propia visión subjetiva pero con una saludable vocación de escucha y permeabilidad.

Se han acercado, se han desnudado, se han mostrado vulnerables, se han abierto, se han vuelto a cerrar, se han inspirado, se han interrogado, se han brindado información, se han tolerado, se han disfrutado, han sentido y han razonado.

No obstante sus intentos de razonar objetivamente, creo, que aún no lo han logrado y veo que es muy difícil que lo hagan, al menos en el corto plazo. Es así que he decidido intervenir y espero que no les moleste mi presencia, esta será breve y momentánea.

El motivo de mi intervención será para aprovechar el riquísimo debate realizado sobre qué es ganar, y ayudarlos a extraer todo el tesoro conceptual, emocional y racional que han dejado.

Y para que lo puedan degustar, no como una posesión exclusiva de alguna de las dos partes, sino como un texto integrador que las invita a pensar.

Debo pedirles nuevamente disculpas por no haberme presentado todavía, soy la Razón. Si están de acuerdo con lo propuesto, comenzaré.

Julián Marías señala que debemos reconocer que solo cuando la Vida misma funciona como razón conseguimos entender algo humano. De este modo, la razón, que es vital, es la Vida misma en tanto que es capaz de dar cuenta de sí misma y de sus propias situaciones.[4] La razón no es heterogénea a la Vida, ni tampoco idéntica a ella, es un órgano de la Vida que puede convertirse en el "órgano de toda comprensión".[5]

En este momento la Razón los mira a ambos…

S: Por mi parte, estoy de acuerdo.

---

4. Harold Raley, *Julián Marías: Una Filosofía Desde Dentro;* Madrid: Alianza Editorial, 1997.

5. Juan José Sebreli, *El Olvido de la Razón;* Sudamericana, 2011.

P: Por mi parte, también.

R: Lo hacemos desde lo conceptual y dejamos afuera el color de la camiseta que "supuestamente se defiende". Frente a la misma pregunta de qué es ganar, he comprobado que surgieron respuestas diferentes. Y he llegado a las siguientes conclusiones:

El horizonte de nuestra sociedad actual tiene en su interior por lo menos dos posiciones antagónicas que luchan a través de las variables del juego que se disputa.

Por la determinación de los valores que imponen como dominantes, por un lado está el discurso de los que sostienen que se juega para ganar, y ese ganar numérico lo es todo. Y por el otro, el de los que piensan que ganar y perder son circunstancias posibles que no definen el sentido profundo de la Vida. Ambas posiciones tienen un profundo convencimiento de la importancia que tiene ese ganar que persiguen.

En el primer caso, "se juega para ganar, y ese ganar numérico lo es todo", vemos a la felicidad como propiedad de unos pocos, es decir, de los que acceden al triunfo, de los que se consagran campeones o logran el resultado numérico esperado. Ganar como sinónimo de éxito y perder como paralelismo del fracaso parecen ser las bases.

Fortalezas que desarrolla:

1. Determinación para ser el mejor de todos. No se detendrá hasta lograrlo.

2. Comprensión estratégica eficiente de la realidad cruda y bien terrenal del sistema en el que se encuentra.

3. Desarrollo de anticuerpos que lo sostienen e inmunizan permanentemente en su búsqueda frenética.

Qué piensa de la otra posibilidad:

Que se quedan en lo profundo y no llegan a ser exitosos porque carecen de instinto y determinación.

Qué necesitará para sentirse bien:

Conservar lo logrado, la apariencia, el estatus. Esto será fundamental porque el éxito que se le reconozca desde afuera será el que cada vez le otorgue más confianza en sí mismo.

En el segundo caso, "ganar y perder son circunstancias posibles que no definen el sentido profundo de la Vida", vemos el ganar como sinónimo de encuentro entre dos o más seres que se escuchan y tratan de expresar y compartir lo que tienen adentro para construir un ganar-ganar. Ganar como sinónimo de personas que aprovechan la competencia con el otro como un medio de estímulo y crecimiento para ambos. Sin perder de vista, en ningún momento, que el oponente que está disputando ese partido es primero un colega de la Vida, un ser humano que tiene sueños, necesidades, presiones, ilusiones y altibajos como él.

Fortalezas que desarrolla:

1. Paciencia para buscar.
2. Tiempo y espacio para reflexionar.
3. Disfrute en el andar.
4. Comprensión ante la debilidad.
5. Licencia para perder.
6. Soltar para crecer.

Qué piensa de la otra posibilidad:

Que la búsqueda del objetivo está motorizada por la obsesión y la creencia de que solo a través del logro permanente podrá ser. Y que esa obsesión lo ayuda a combatir y buscar el objetivo con una convicción tremenda, pero a la vez lo aleja del sentido que puede tener esa búsqueda.

Qué necesitará para sentirse bien:

Reconocimiento al esfuerzo, que valoren la intención, un contexto menos vertiginoso, tiempo.

Bueno, estimados colegas, mi participación ha llegado a su fin, al menos por el momento. Espero que mi aporte desde la razón les permita continuar el camino…

Me gustaría que reflexionen sobre los riesgos o peligros a los que se enfrentan cada una de estas posiciones llevadas al extremo. O sobre qué pasaría si solo existiera una o la otra. ¿Seríamos capaces de manejarnos en los dos planos? Alguna vez escuché algo que me encantó con respecto a esto y es que la objetividad es la *intersección de las subjetividades.*

Creo que sería bueno también que debatieran sobre todo lo expuesto por mí. Hasta siempre.

P: ¿Qué hacemos con todo esto?

S: ¿Ciertamente, qué hacemos?

P: ¿Qué hacemos con nosotros mismos y con el impostor que puede estar agazapado en nosotros?

S: ¿Qué hacemos con el narciso que surge permanentemente?

P: ¿Qué hacemos con el que, por el afán de hacer bien las cosas, pierde la posibilidad de ganar?

S: ¿Qué hacemos con el miedo al qué dirán?

P: ¿Qué hacemos con lo que construimos pero que ahora nos damos cuenta de que eso, que fue otrora fundamental, está involucionado con respecto a la nueva demanda interna de evolución?

S: ¿Qué hacemos cuando uno ya es "ese" y no puede de ninguna manera ser otro?... el temor a que nos digan que hemos cambiado y ya no somos los mismos ¡es terrible!

P: Pero también podemos preguntarnos: ¿es *ser otro* o es convertirse en un *ser transformado*? Entonces vale reflexionar en si uno cambió o se transformó.

S: ¿Cuál es la diferencia entre el cambio y la transformación?

P: No puede haber un verdadero cambio sin antes haberse producido una trasformación interna profunda que empuje convincentemente la acción.

S: Todas estas reflexiones han surgido de estas horas de entrega y comunicación que ambos tuvimos y queríamos compartir con los demás antes de continuar nuestra entrevista, o debate, o duelo, o catarsis, o juego, o búsqueda, o como prefieran llamarlo.

P: Quisiera decirle, estimada Superficialidad, que disfruté mucho trabajando en equipo con usted, escucharlo desde ese lugar, y no desde el de un oponente, me permitió entender mucho más su visión de la Vida y sus porqués. Me sentí relajado, cómodo, permeable como nunca me había ocurrido hasta el momento.

S: Debo decirle que a mí me han pasado cosas parecidas, sentí que estaba en un contexto donde no tenía sentido que la coraza y las armaduras estuviesen presentes; me sentí muy liviano sin ellas.

También fue muy gratificante y me dio mucha confianza el saber que lo que le llegaría a la población expectante sería un producto de ambos, donde nadie nunca sabría cuál fue el aporte de uno y de otro. Entonces cualquier crítica que surja será compartida y no recaerá solo sobre mi persona.

P: Creo que es un buen momento para celebrar. Después de tanto tiempo de reclusión hemos logrado pasar a otro estadio de evolución en este desafío que un día comenzamos, y que todavía no sabemos qué nos deparará.

S: **Estoy de acuerdo, ¿y cómo celebramos?**

P: Déjeme ver, pensaré en algo…

S: **¿Sabe qué me parece?**

P: Dígame.

S: **Celebremos con otra historia/cuento/poesía que nos abra la puerta para un nuevo debate. Pero antes que nada, siento la necesidad de expresar algo que para mí es fundamental en este momento, porque "el que avisa no es traidor".**

Que hayamos trabajado en equipo no significa que defendamos los mismos colores de aquí en adelante, hemos construido respeto mutuo pero estamos en equipos

de vida diferentes, muy lejos conceptualmente uno del otro. Lo que tengo claro en este momento es que mi lucha contra usted ya no es personal sino conceptual.

P: Se lo agradezco.

S: Bueno, estimada Vida, está muy callada. ¿Qué piensa de todo esto? ¿Es banalidad o es realidad? ¿Qué historia tiene a flor de piel para este momento? Hasta el momento, usted solo ha escuchado pero no ha aportado nada.

V: Les contaré una historia muy especial y luego debatiremos, si les parece.

Ambos respondieron al unísono con enorme entusiasmo:

P/S: ¡Claro que sí!

S: ¡Qué celebración tan especial tendremos, con la Vida por fin ayudándonos!

P: A recorrer y a entender un poco más el camino.

V: La historia se llama: "La tristeza de un león".

Era un león muy especial, tan afectivo como simple, muy distinto de los demás. No impactaba su elegancia en la selva al caminar, ni resaltaba su melena ni su cuerpo sobre los demás. Pero siempre lo seguían animales en su andar, todos contentos iban, nunca dejaban de cantar. A menudo, bellas leonas lo observaban y no se podían explicar, susurraban entre ellas, con tan poco qué felices iban. Mientras tanto, con sus llamativos leones, ellas pomposas estaban, gustosas los mostraban, amaban tanto su belleza, qué admiración tan abnegada por verlos tan perfectos y que nada les faltaba.

A este león con el tiempo, muchas de ellas, por curiosidad, lo fueron conociendo. Tan impactadas quedaban, que de la belleza se olvidaban; al conversar con él, muchos misterios aclaraban. En sí mismas encontraban cuántas cosas les faltaban. Tanto tesoro interior de pronto era reflejado, qué vergüenza y qué alegría, ¡tan poco se conocían!

El león las ayudaba, cómo le encantaba, se sentía feliz al verlas superadas. Para ellas, él empezó a ser el mejor de la galaxia, qué seguridad sentían cuando con él hablaban, cada una descubría el mal que la acechaba.

El león era un doctor en males sentimentales, todos los casos le preocupaban, a ninguno le escapaba. Pero un día él sintió el derecho a enamorarse, qué puro sentimiento, qué desilusión detrás.

Esto fue lo que le respondieron:

"Querido león, tanto te quiero que no podré aceptar, dejar de ser tu amiga para ser un poco más, y por ser un poco más, perder nuestra amistad. Perdóname, pero no podré aceptar".

No hubo consuelo para el león, pues él era, en ese sitio, el único doctor.

V: ¿Qué reflexión pueden hacer de esta historia?

S: Durante mucho tiempo el león se ocupó solo de los demás; fue generoso con los demás, pero no con él mismo.

P: El león era de todos, su Amor no era de nadie, no podía darlo solo a uno porque todos lo necesitaban.

S: Siempre dio, pero cuando quiso recibir no pudo hacerlo.

P: Esto suele pasar muy seguido.

V: A ver, miremos un poco más allá… no recibió quizás, en ese momento, la aceptación sentimental que necesitaba su corazón, pero con el tiempo se dio cuenta de que, en esa particular experiencia vivida con las pomposas leonas, se había encontrado con algo fantástico que lo llenaba de energía, que lo hacía fluir. Se había encontrado con su vocación.

El encuentro con su Vocación lo llenaba de Amor a cada momento, era un Amor muy fuerte y especial que había que atreverse a degustar y disfrutar. Muy distinto del otro, el tradicional que, en plena adolescencia como él estaba, empieza a despertar con tanta fuerza. Lejos de ser paliativo, el Amor-Vocación tiene peso en sí mismo y no relega ni cubre al Amor-de-a-dos, sino que tiene su sabor propio y su candor mágico.

Su vocación le hizo darse cuenta de que lo que más le

gustaba en la Vida era dar y el Amor lo inundaba cada vez que daba.

Bueno estimados, sigan debatiendo y reflexionando ustedes dos, yo pasaré al estado de escucha.

S: Mi reflexión final, Señora Profundidad, es que el Amor que puedes encontrar en la vocación es bueno pero no alcanza para ser feliz, porque el otro amor uno todavía no lo tiene. ¿Qué reflexión final hace usted?

P: Que el ser viviente se ha convertido, a través del tiempo, en un ser insatisfecho, siente permanentemente que algo le falta. Le cuesta percibir y, más aún, valorar lo que tiene porque siempre es más importante y necesario aquello que tendrá. Es un desvalor impuesto que ha adquirido mucha importancia y sumisión.

S: Me gusta que vayamos cerrando los temas o momentos con reflexiones sintéticas y contundentes que muestran lo que nos quedó en la tripa, a flor de piel o a mente descubierta.

P: Me alegra que le guste.

S: Cambiando un poco la polaridad, le pregunto: usted habla mucho del camino, ¿podría decirme algo que haya descubierto o comprendido con respecto a este?

P: Hablo mucho del camino porque en él, y en su fantástico recorrido, empecé a comprender que las personas son diferentes. Algunos nacen con la nariz grande, otros con la nariz pequeña; algunos bajos de estatura, otros más altos; algunos emocionales, otros cognitivos; algunos creativos, otros estructurados.

Y también observaba que en la escuela, a aquel que era estructurado y tenía pensamiento secuencial le iba bien. Mientras que al que era ideólogo y soñador no le iba tan bien, según la visión del conductor de turno, al no concretar los objetivos propuestos.

Fui descubriendo, además con profundo pesar, que no hay espacios generados en la sociedad para todas las dominancias. Entonces, pensaba en cómo hacer para construir espacios para que cada persona pueda encontrar su tesoro y lo valore; en cómo hacer para que cada ser pueda reconocerse por lo que es.

Y comprobé que cuando esos espacios y momentos se generaban, me encontraba con gente que salía de ese encuentro con los ojos vidriosos de emoción, con una sonrisa, con la cabeza en orden luego de que esta se les había dado vuelta. Todo esto pasaba en el camino, así que se dará cuenta de por qué lo valoro tanto…

Aquí aparecen los otros en el camino interior. ¿Cómo llegan?

Quizás tenga que ver con ser seres sociales, con conocernos a nosotros mismos en el intercambio con los demás. O con la necesidad de compartir, de ser reconocidos por el otro como persona.

S: ¿Y la profundidad con qué tiene que ver?

P: La profundidad tiene que ver con mantener el camino de la búsqueda, y aunque todo el mundo aplauda los logros conseguidos, uno por dentro dirá: "Mi logro principal es que mañana voy a seguir en el camino". Porque la gente festeja ese logro, ciega a todo un trayecto que el ser humano trae desde antes en la Vida.

La validez de lo profundo radica en el punto desde donde se arrancó y hacia donde uno se dirige. Lo superficial es el logro por sí solo; si el logro es un fin en sí mismo… eso es el fin. El logro, por el contrario, es una plataforma, un medio para continuar por el camino.

PARTE 7

El proceso

Aprovecho para preguntarle: ¿qué hace usted inmediatamente después de haber conseguido un logro importante?

S: No lo sé con exactitud... tantas cosas. Primero, me descargo, lo festejo, me embriago de placer, me relajo.

P: ¿No le pasa que empieza de pronto a visualizar el camino recorrido y, de repente, se encuentra compartiendo con su gente, diciendo y escuchando cosas como:

"¿Recuerdas cuando no podíamos comunicarnos y, luego de tres o cuatro peleas, hubo una palabra que tú dijiste que hizo un click en mí y generó un acercamiento?".

"¿Recuerdas cuando no te atrevías a intentarlo hasta que

un día decidiste: 'voy a jugar con lo que tengo, no con lo que no tengo', y lo pudiste lograr?".

"¿Recuerdas cuando no le encontrábamos la vuelta a la situación y, después de mucho trabajo y paciencia, se la encontramos?".

El logro es lo visible, el resultado, la punta que se puede ver en la superficie. Pero los cientos y cientos de logros en miniatura que se obtuvieron en la relación con las personas, que en su conjunto construyeron un logro, valen mucho más que lo otro y tienen un fundamento real. Y ahí está el camino, el cual se trata de que el recorrido nos permita dar a luz todo el oro que llevamos dentro de nuestro ser.

Qué maravillosa sensación de felicidad y plenitud, cuando a una persona le brillan los ojos y dice: "Me encontré a mí misma, pude sacar todo el oro que tengo adentro".

El ser personal, qué hermosa cualidad.
Es tan hermoso sentirse uno mismo
y distinguirse de los demás,
notar que el Amor es mío y no de muchos más,
sentir que la belleza que porto es de mi propiedad
y no un rótulo o modismo que me dio la sociedad.
Qué hermoso el poder sentirse ignorante
ante el desprecio y la burla de los demás,
por tratar de feo y de insulso lo que para uno
es lo más bello, lo más especial.

Qué hermoso es sentirse uno mismo,
es el mejor regalo que nos podemos dar.
Poder reír porque quiero, agotar mis ganas de saltar,
poder volar con los pájaros
y con las hormigas poder conversar,
poder acariciar a ese león furioso
al que nadie se atreve a tocar,
poder subirme a los árboles y gritar como Tarzán.

V: El arte es el "durante", el disfrutar el "mientras tanto". No importa lo que nos llevamos de este lugar, sino lo que vivimos aquí.

S: ¿Cuánto camino hay que recorrer para lograrlo?

P: Todo el que sea necesario, creo que no debe haber límites ni tiempo en esa búsqueda sino una profunda convicción.

V: ¿Tienen ganas de que les cuente otra historia que quizás los ayude a comprender el génesis de la búsqueda?

S: Vamos, estoy listo.

P: Yo también.

V: Pedro era un niño pequeño cuando, por primera vez, sintió que algo de su naturaleza no tenía el poder suficiente para cautivar de la misma manera que lo hacía su hermanito

Pablo. "¡Qué ojos increíbles tiene!, ¿vieron?", les decía orgullosa la querida Hortensia —la persona que los cuidaba— a sus colegas en la plaza.

Pedro no entendía porque a él nunca le decían que tenía lindos ojos, si eran iguales a los de su hermanito, también tenía dos ojos que veían y disfrutaban las maravillas de la naturaleza humana sin perderse detalle. Lo pensó muchas veces hasta que no pudo más con su intriga y un día le pregunto a Hortensia por qué sus ojos no le producían ni belleza ni asombro. ¡Pobre Hortensia, qué momento incómodo para un adulto! Luego de vacilar un instante, le contestó: "Pero, tú tienes unas pestañas hermosas, miren chicas", les dijo a sus colegas, "¿no son hermosas?, miren el arqueo fantástico que tienen".

La respuesta, sin duda, no provocó entusiasmo alguno en el niño, por el contrario le generó más incertidumbre. Al llegar a su casa no pudo contener la necesidad de enfrentarse al espejo y descubrir el misterio de por qué sus ojos no producían encantamiento. Observó sus ojos en el espejo de todas las maneras posibles, desde todos los ángulos de su humanidad interna, hasta llegó a darle vida al espejo con su ruego, pero tampoco este pudo responderle mucho.

También, aunque por muy poco tiempo, miró sus pestañas pero al no recordar el motivo de su belleza mencionado por Hortensia, sumado a la poca vida que encontraba en ellas, dejó sin más curso la observación profunda.

Los días pasaban y su incertidumbre fue dando lugar a una incipiente angustia.

Un buen día, a Hortensia la vino a visitar un señor muy amigable —su novio Daniel— quien llegó con golosinas de regalo y dispuesto a jugar. Luego de dos horas fantásticas de jugar a la pelota, trepar toboganes y jugar a las escondidas, se sentaron en una lomada de pasto a tomar la rica merienda que Hortensia había preparado. Fue en ese momento cuando, estando todos sentados en un semicírculo, el novio de Hortensia le dijo, asombrado: "Tenías razón, qué hermosos ojos verdes tiene". Inmediatamente ella agregó: "¿Viste?, hoy los tiene verdes, ayer los tenía más azulados, y otros días los tiene…".

Al percibir la carita de Pedro, rápidamente Hortensia hizo mención de las fantásticas pestañas arqueadas que tenía Pedro; su novio, muy velozmente y con un matiz de actuación forzada pero con cariño, asintió con una gran exclamación. Lo increíble era que Pablo nunca le daba importancia a la adulación constante que siempre recibía por sus ojos.

Justo antes de que el novio se despidiera, Pedro le dijo a Hortensia que quería decirle algo a él, a solas. Fue en ese momento que aprovechó para expresarle lo feliz que se había sentido jugando con él. Luego de la sorpresa, Daniel le regaló un cálido abrazo y una cariñosa caricia en su cabeza al tiempo que lo miraba con ternura. Fue un instante espontáneo y sublime, donde Pedro cara a cara le preguntó sin rodeos: "¿De qué color son mis ojos Daniel?". "Marrones Pedrito, marrones".

Pedro se quedó a solas, inundado de un gran vacío interior. Se dio cuenta de que hay colores que, por más esfuerzo y dedicación que uno ponga, no serán contemplados ni apreciados de la misma manera. Qué increíble, por observar solo el color de los ojos, nos perdemos de contemplar su mirada. Este descubrimiento fue tan revelador para Pedro, que generó la primera llama de rebeldía consciente en su corazón, quizás la primera semilla de necesidad de revolución.

¿Ustedes tienen algo más para aportar?

P: Yo también tengo algo para compartir:

> Superficialidad… qué terrible mal.
> Reina en casi todos nuestros actos;
> en todo momento está cubriendo
> con su máscara encantada
> tanta oscuridad no perceptible
> a los ojos que tan poco saben mirar.
> Son tan débiles que, por sí solos,
> lo más bello nunca lo hallarán.
> Son tan egoístas que no pueden soportar
> que el corazón los ayude,
> y que los dos pueden buscar,
> lo más importante de cada persona
> y sentir felicidad.
> Que cada ser tiene un misterio rico, bello y especial
> y que depende de nosotros,
> de la intensidad de nuestro mirar,
> el poder encontrar esa belleza,

la única existente y real,
que no es perceptible a la vista
ni fijada por una elite popular.
Esta es inherente a nosotros, nadie la sentirá igual,
porque nace de nuestras entrañas
y se siente como un latido especial.

S: Perdóneme, Profundidad, esta poesía es irrespetuosa hacia mi persona, usted no tiene derecho a agraviarme de esa manera. ¿Qué sabe usted de mí realmente? ¿Qué conocimiento certero tiene de las profundidades de mi superficialidad?

P: Perdón, ¿cómo dijo?

S: ¿Qué conocimiento tiene usted de las profundidades?... bueno, nada relevante, olvídelo.

P: No, por favor, continuemos, de ninguna manera quiero faltarle el respeto a su ser profundo.

S: Ya está, olvídelo, fue solo un arresto emocional. Hace unos días aprendimos que el duelo entre nosotros, o las grandes diferencias, no tenían que ver con lo personal, así que fue un error de mi parte tomarlo de esa manera.

P: El viaje hacia las profundidades en busca de sentido, tan esencial como ignorado en el vértigo de la acción cotidiana.

S: Por ese motivo, no entremos en vértigo, como usted dice, y sigamos. Cuéntame algo más que nos desafíe.

P: De acuerdo, pero el tema anterior quedó inconcluso.

S: No necesariamente, hay cosas que no dan para más y punto.

P: No lo veo de esa manera, los temas imposibles de conversar no se escapan ni de nuestras mentes ni de nuestros cuerpos. Aunque los evitemos, ellos quedan agazapados en un espacio de nuestro ser y siguen accionando silenciosa y tóxicamente, en espera de que se los libere y enfrente.

V: Cuánta toxicidad hay en este Mundo y, sin embargo, sigue adelante. La podremos soportar un poco más, ya que es parte del Universo en el que nos toca vivir y uno tiene que saber adaptarse.

P: Pero…

S: No insista más por favor, sea solidario con mi necesidad. Sigamos adelante, no nos detengamos ni perdamos tiempo, debe haber muchas cosas más para debatir.

PARTE 8

El dar y el tener

P: Me quedé pensando en su pedido de solidaridad, y no puedo dejar de abordar un tema que desde hace mucho tiempo me resuena en la cabeza.

S: A ver, cuénteme.

P: En los últimos años, en este apasionante viaje de la Vida, descubrí a un gran impostor.

S: Uno más que lo asociará conmigo, seguramente…

P: Y me preocupé mucho porque ese impostor era un valor, y me pregunté: "¿Cómo puede ser? No, no puedes pensar esto".

S: ¿Pensar qué?

P: Que dentro de los valores importantes para la sociedad actual haya un gran impostor.

S: ¿Cuál es?

P: Ese impostor encubierto es la *solidaridad* o, mejor dicho, el uso que de ella se hace.

S: ¿Cómo puede decir eso, Señora Profundidad?

P: Sí, es un impostor de esta época. Porque el valor de la solidaridad se está usando estratégicamente para paliar una deuda interna. Después de 364 días no enfocados en el ser y las necesidades de otros seres humanos, le dedicamos en muchos casos un día a un acto solidario para limpiar la poca generosidad que tuvimos el resto de los otros días del año. La solidaridad se emplea con frecuencia como publicidad de nuestras empresas para destacar el bien que hacemos. Esta se ha convertido en una interesante y peligrosa arma estratégica.

S: Usted se ha vuelto totalmente loco, se ha ido fuera de sus cabales. ¡En qué problema se está metiendo, justo con la solidaridad, el valor más necesario e importante en estos días!

P: No, no me estoy metiendo con el valor genuino, sino con el uso que hacemos de él, lo cual es algo muy distinto. De todas maneras, pienso que en tema de valores hay un estadio superior en términos de evolución humana.

S: ¿A ver qué dice ahora? Usted no deja de sorprenderme y de ponerme nervioso.

P: La generosidad es el estadio superior de evolución. La solidaridad se piensa, se planifica y se ejecuta. La generosidad fluye porque está internalizada y arraigada en la raíz del ser.

S: ¿Usted quiere decir que la solidaridad sin generosidad es manipulación?

P: Exacto. ¡Sí, sí, sí! La generosidad es un "gracias a la Vida", un latido interno, un regalo permanente. Es haber encontrado y haber conjugado Amor con… (silencio).

S: ¿Con?

P: ¡Acción! En nuestra búsqueda interna existen evoluciones; abrir el compartimento de la generosidad es haber evolucionado de tal forma que… (silencio). La generosidad provoca Vida, la solidaridad supervivencia momentánea. La generosidad está relacionada íntimamente con la profundidad, la solidaridad de estos tiempos con la superficialidad.

S: Ahh, todo lo negativo es para mí.

P: La solidaridad es lo que se ve y la generosidad es lo que está escondido y que empuja desde abajo. La generosidad es la intención motivacional; si esta no es la principal motivación e intención, la solidaridad solo queda como una herramienta de manipulación, de obtención o de interés hacia otras cosas y resulta falsa.

S: ¿Con qué otras cosas relevantes se ha encontrado en ese camino que usted tanto nombra?

P: En el camino de la Vida, me fui encontrando con estas frases y comentarios:

- No puede haber errores.
- Hoy no puedes fallar.
- Hoy no podemos perder.
- Hay que ganar sea como sea.

También con comentarios como este: "No te entregues al 100% de entrada, no sea cosa que después te devuelvan el 30%; fíjate a quién le entregas el 100%". Viví situaciones que me fueron llevando a observar y a reflexionar.

S: ¿Sobre qué cosas?

P: Que tantas veces se decía que no podía haber errores, pero al mismo tiempo veía que la Vida está plagada de errores. Que es imposible jugar partidos de la Vida sin cometer errores. Que es muy duro sentir que cuando uno cometa un error, el Amor se devaluará, la imagen se caerá, el puesto de trabajo se perderá, la posición en el equipo tambaleará.

S: Entonces, ¿a qué conclusión llegó?

P: Que revelarse ante estos conceptos o imposiciones nos permitirá jugar a la Vida y no a la muerte. Que la única manera de lograr espacios de aprendizaje es haciendo. Y el hacer provoca errores. Si hoy no puede haber errores, entonces hoy no puede haber aprendizaje. ¿No le parece?

S: Complicado en estos tiempos en los que los errores se pagan caros; hoy en día no se puede fallar.

P: Entonces, si no podemos fallar ¿no convendrá mostrarse tal cual somos? Si lo hacemos, puede asomar y quedar al descubierto lo que supuestamente debemos esconder: *nuestras debilidades*. Tal vez, las queremos esconder por miedo a que las personas no nos sigan valorando cuando las descubran.

El problema con este tipo de pensamiento y acción es que cada vez me valoro menos porque cada vez soy menos yo. Hoy las pude esconder, quizás mañana también pueda hacerlo, pero llegará un momento en el que ya no soportaré más esa situación.

S: Pero si dejamos de esconderlas, corremos el riesgo de

fallar. A veces es mejor soportar esa situación que quedar expuesto a fallar.

P: Entonces habría que preguntarse primero qué es aquello en lo que no se puede fallar.

S: En nada, si es posible.

P: Yo creo que a lo que uno no le puede fallar es a su propia naturaleza, a lo más genuino, a la esencia. Se lo ejemplificaré con esta poesía:

> Muéstrate genuino, muéstrate veraz,
> respeta tu esencia, tolera tu debilidad.
> No cambies tácticamente
> para poder agradar,
> no sea cosa que en tu vida
> tu esencia se convierta en un disfraz.
> Muestra lo más genuino
> aunque desnudez verás,
> y ya no tendrás en tu vida
> que volverte a disfrazar.

S: En síntesis, según sus palabras y lo rescatado por mi parte, creo que la peor falla que podemos tener es no respetar nuestro don. Ese don que vino con nuestra naturaleza y que, por sí mismo, no tiene valor hasta que

comprendemos que el gran mérito es ser capaz de aceptarlo, alimentarlo, hacerlo crecer y darle valor.

Sigamos con la otra frase recurrente, por favor.

P: ¿Hoy no podemos perder?

S: Sí.

P: En momentos importantes de la vida, en muchos estamentos de la sociedad, una forma de motivación consiste en decir: "Hoy no podemos perder, ¿eh?, ¡vamos!".

S: Es cierto. ¿Es así?

P: También podemos observar, día a día, que siempre alguien pierde.

S: Naturalmente.

P: La sociedad toscamente genera cada vez más frases, dogmas o creencias que nos encarcelan y nos conducen a perder.

S: ¿Cómo fundamenta estos dichos?

P: Se dice no podemos perder, ¡pero se pierde!

"Hoy no podemos perder el trabajo".
"Hoy no podemos perder la venta".

"Hoy no podemos perder el concurso".
"Hoy no podemos perder el partido".

Pero a pesar de nuestro imperativo ruego, no podemos evitar que estas cosas se pierdan. Porque en realidad, sí existe la posibilidad de perder. Ese es el gran problema no resuelto, no blanqueado, ignorado y que, como tal, nos conduce a una quimera muy difícil de enfrentar.

Por tal motivo, necesitamos comprender que perder algunos de los retos mencionados no significa que seamos "perdedores" ni debe colocarnos ese rótulo.

S: Para usted, ¿qué es ser un perdedor?

P: Creo que ignorar la posibilidad de perder ya es ser un perdedor. Porque el que la ignora conscientemente no la enfrenta; en realidad, la esquiva y nunca la integra dentro de las posibilidades de su vida. Es así que cuando aparece una derrota, se le viene encima todo el fracaso del Universo.

V: Quisiera hablarles un poco, si me lo permiten, de lo que aprendí sobre las posibilidades y las imposibilidades.

Cuando *aceptamos* la POSIBILIDAD de lo que podemos cambiar, o del objetivo que nos planteamos, estamos dentro de nuestro ámbito de poder y depende de nuestro esfuerzo y constancia de trabajo, entonces, accionamos en consecuencia. Nuestro estado de ánimo se caracteriza por el entusiasmo para aceptar nuevos desafíos, la templanza para afrontar posibles contratiempos y la autoestima suficiente que nos genere la confianza para mirar el futuro con convicción y optimismo de que tarde o temprano se conseguirá.

Si la *rechazamos* y no actuamos en consecuencia, pues hablamos de la emocionalidad de la impotencia, caracterizada por la resignación y la apatía. Puede deberse a distintas causas: no atrevernos a correr riesgos y sufrir posibles pérdidas, porque preferimos protestar a accionar para cambiar algo, por angustia o porque nos convencemos de que es imposible lograrlo. Enmascaramos nuestro temor a la frustración y al fracaso. Abandonamos nuestros objetivos.

Cuando *aceptamos* la IMPOSIBILIDAD de lo inevitable, de lo que no podemos cambiar, sea permanente o eventual, nos encontramos en una emocionalidad de paz y serenidad. Aunque quisiéramos que las cosas fuesen de otra manera.

Cuando *rechazamos* lo que no podemos cambiar y nos resistimos, nos amargamos y nos resentimos.[6]

S: Pero se dice que los verdaderos ganadores no pueden hablar de la posibilidad de perder. Deben tener una actitud positiva, no deben llamar a la derrota, solo deben visualizar el triunfo.

P: Estoy de acuerdo con que hay que pensar en el triunfo,

---

6. Oscar Anzorena, *Maestría personal, El camino del liderazgo;* Buenos Aires: Ediciones Lea, 2008.

visualizar el sueño y las acciones que nos llevarán a su cumplimiento. Pensar en positivo y tener la real convicción de que lo vamos a lograr está muy bien. El problema se presenta si en la tabla de posibilidades nunca tuvimos en cuenta la posibilidad existente de que también se puede perder. Es así que, cuando ocurre, todo se derrumba.

S: ¿Por qué?

P: Porque ocurre algo que *no podía pasar.*

S: ¿Entonces?

P: Tenemos que reflexionar y entender que: "Sí, en realidad, hoy podemos perder".

Podemos perder el puesto de trabajo.
Podemos perder el lugar del ranking.
Podemos perder la encuesta.
Podemos perder el partido.

Lo que no podemos perder es la posibilidad de encontrar aquello que nos va a permitir crecer a partir de la derrota.

Lo que no podemos perder es la libertad de elegir frente a cualquier circunstancia; porque la gente que motiva en base a resultados numéricos solamente es la que está diciendo todo el día que no se puede perder. Ellos motivan desde la superficialidad del resultado, pero no van a lo profundo.

S: ¿Y qué es lo profundo en este caso?

P: Que pase lo que pase y bajo ninguna circunstancia, no debemos apagar nuestro propio motor. Aprendí que si lo que no queremos es que salga mal una determinada actividad, entonces la vamos a planificar teniendo en cuenta todos los detalles que nos permitan tener posibilidades y alternativas disponibles para cualquier situación que se pueda presentar. Y de esta manera, a cada paso iremos construyendo la posibilidad de que nos salga bien.

Como no quiero perder una amistad, por ejemplo, voy a esforzarme por tener la mejor comunicación, por mirar "detrás de la retina", por escuchar, por ponerme en los zapatos del otro. (Para poder ponerse en los zapatos del otro, primero hay que sacarse los propios).

S: En síntesis, si me permite, en lugar de la frase "hoy no podemos perder" que ejerce tanta presión, debería decirse "hoy no queremos perder". Esa frase sí que serviría de estímulo.

P: Siempre son muy interesantes sus síntesis.

PARTE 9

La negociación

S: ¿Qué sueña que pase en este encuentro?

P: ¿Qué sueño? Que nos podamos acercar y que usted me comprenda a mí y yo lo comprenda a usted.

S: Si tuviese que escribir esta conversación en un libro, ¿cómo lo haría?

P: Con una historia de personajes que decidieron viajar más allá del Mundo para encontrarse con ellos mismos.

S: ¿Por qué le gusta armar personajes?

P: Porque de esa manera, es como usar un bisturí con un algodón en la punta que puede penetrar sin dañar. De lo contrario se puede convertir en algo muy frío, muy confrontador, y alguno puede decir "qué soberbio, qué arrogante". Como una *receta* que se le quiere imponer a alguien.

La búsqueda está muy lejos de querer provocar eso y, además, de ese modo se es sutil y se le da libertad al otro para interpretar sin personalizar.

S: ¿Y qué lo moviliza a usted?

P: Sin duda, jugar con esos personajes que, en todo momento, debaten, se escuchan, vuelven a debatir, se transforman. Que determinado personaje, que quizás no es el que elijo para la Vida, se encuentre con un personaje que sí elegiría y me haga valorar o entender cosas o situaciones de otro camino. Como de algún modo, lo estamos haciendo con la cantidad de personajes superficiales y profundos que hemos explorado y encontrado en nosotros mismos.

S: Claro, y en algún momento no queda nada mejor y hay un personaje que exclama: "Esto yo no lo tenía en cuenta". Y ese personaje, que quizás es Juan, le dice a Pedro: "Sí, yo no quiero esto, pero sé que es necesario". ¿Cómo se puede hacer lo necesario, diferente?

P: Es muy probable también que Pedro le pida a Juan: "¿Me puedes ayudar en eso necesario que tengo que hacer para adaptarme a la sociedad de hoy?; pero ayúdame sin que pierda lo más genuino, la esencia de lo que soy.

Y colocarlos en la noble dificultad de ayudarse mutuamente, poniéndose de verdad en los zapatos del otro. Qué bueno sería que los personajes hablaran, le contaran cosas al otro y se escucharan a sí mismos.

S: Debo decirle, mi querida Profundidad, que ha pasado casi un año desde el primer día que decidimos comenzar. ¿Qué estará pasando en el Mundo ahora mismo?

V: Estarán ensayando cómo vivir…

S: ¿Qué estará pasando con nuestros adeptos sin sus guías?

P: ¿Un año casi ha pasado?… no lo puedo creer, ¡con qué rapidez!

S: Y casi no hemos dormido, aunque sí hemos tenido muchos días de silencio activo.

P: ¿Y qué le ha parecido hasta ahora, sigue interesado o le gustaría romper el pacto?

S: Para serle sincero, no solo estoy interesado en continuar sino que, además, estoy entusiasmado.

La Vida sigue caminando alrededor de ellos, observándolos.

P: Qué bueno, yo también.

S: Pero sepa que estamos parejos en el duelo, todavía nadie sacó una diferencia. Y también sepa que todo lo que se dice queda registrado, y usted ha hablado más que yo (risas).

P: No había reparado en ese detalle.

S: ¿Le parece bien si retomamos el debate sobre el número uno y el mejor que quedó inconcluso hace unos meses?

P: Bueno, tengo la esperanza de que las experiencias vividas en todos estos meses nos permitan llegar a otro estadio de reflexión.

S: Puede ser... ¿Por dónde arrancamos para entrar en calor?

P: Si está de acuerdo, con una pregunta que sirva como primer disparador.

S: Adelante...

P: ¿Mantener el logro o mantener el espíritu por el cual se alcanzó el logro?

S: Todo estará muy bien si mantenemos el logro.

P: El logro en algún momento se va a perder, pero hay cosas que no debieran perderse nunca.

S: Para sostener la gloria no debiera perderse el número uno.

P: ¿Ser el número uno o el mejor es muy diferente?

S: Para mí son sinónimos.

P: Al número uno lo sostienen claramente los resultados numéricos, por eso la diferencia entre número uno, dos, tres o cuatro es numérica. En cambio, al mejor lo sostienen otras cosas que lo hacen diferente.

S: Ejemplifique, detalle las cosas que lo sostienen.

P: Al mejor, según el parámetro del mejor que pueda ser, lo sostienen sus resultados numéricos a través del tiempo. Pero sobre todo lo sostienen:

1. Una identidad auténtica.
2. Una base sólida que hace de plataforma para los resultados.

Porque si no hay una base sólida, una identidad, el

resultado será esporádico, casual o producto de factores externos ocasionales. Entonces termina siendo un árbol muy alto sin raíces que en cualquier momento puede dejar de existir; y si deja de existir, ya no existe la posibilidad de obtener múltiples resultados.

3. Los resultados numéricos.

Fundamentalmente lo sustenta la manera en cómo busca esos resultados, sus valores innegociables durante el recorrido y el juego limpio con sí mismo y con los demás. El mejor tiene sustentabilidad de valor.

S: ¿Qué es *juego limpio*?

P: Una elección de Vida.

V: Buena respuesta. Denme un ejemplo bien concreto para que pueda entender la diferencia que usted marca entre el número uno y el mejor.

P: El mejor no abandona en las crisis de la Vida. En la peor de las circunstancias, no se salva solo él, no deja a nadie en la calle, no se desprende de otro cuando momentáneamente las cuentas no le cierran, no vende algo que sabe que no va a servir, no usa a nadie como mero instrumento de su búsqueda sino que integra a los demás a la misma.

Al mejor no lo obsesiona la trepada corporativa, no desea ganar a cualquier precio.

Al mejor no le gusta perder a un colega de la Vida; al número uno no le gusta perder un cargo.

Al mejor no le gusta perder la autoridad ante su gente; al número uno no le gusta perder el poder ante su gente.

Al mejor no le gusta perder la confianza de su cliente; al número uno no le gusta perder la facturación que le proporciona ese cliente.

El mejor no tolera perder el rumbo; el número uno no tolera perder el juego.

S: Yo conozco muchos números uno que tienen las características que usted destaca del mejor. No sé por qué usted tiene un encono tan particular contra los números uno.

P: De ninguna manera siento encono, por el contrario, es una búsqueda natural, positiva, que nos invita permanentemente a perseverar y a autosuperarnos.

S: ¿Entonces por qué lo discute tanto y no le da la satisfacción de hacerlo sentir y reivindicarlo como el mejor?

P: Solo trato de que reconozca que ser el número uno es un paso muy importante, que mantener ese lugar a través del tiempo es aún más meritorio, que perder ese lugar en algún momento puede ser algo natural y posible.

Solo trato de que reconozca que el número uno no es el último estadio de evolución, sino que es un paso para abrir otra dimensión de comprensión.

Solo trato de que reconozca que el aferrarse al trono del número uno, y su conservación a mansalva, puede hacernos perder el rumbo inicial por el cual lo buscábamos.

Solo trato de que reconozca que el número uno abre puertas pero las acciones nobles abren compuertas, que al número uno siempre lo invitan pero que a muchos ex números uno ya no, y no porque en este momento no lo sean sino por lo que hicieron cuando lo fueron.

Solo trato de que reconozca que hay Vida más allá del número uno y que en lugar de obsesionarse en conservar ese puesto, hay que apasionarse con la posibilidad de encontrar nuevos estadios de búsqueda ocultos. Atravesar esa barrera puede ser una tarea tan significativa como trascendental.

Al número uno, solamente como número uno, lo único que lo sostiene es el *qué*, aquello que consiguió. Al mejor lo sostienen el *qué* y el *cómo*.

S: ¿Sabe por qué yo necesito ser el número uno?

P: No lo sé, dígame.

S: Porque si soy el número uno, todos me van a escuchar, todos me van a llamar, voy a tener confianza, voy a ser reconocido.

P: ¿Y qué ocurrirá cuando deje de ser el número uno? ¿No va a generar confianza, no va a ser reconocido? ¿Sabe cuál es la parte indestructible de un iceberg?

S: ¿Cuál es?

P: La que no se ve.

S: Sea más claro, por favor.

P: Creo que en la Vida no hay ser humano que sea invencible; pero sí hay seres humanos que pueden lograr ser indestructibles. En el ejemplo del iceberg, la base es lo indestructible y es allí donde tenemos que habitar. La punta —que es el resultado numérico—, aunque parezca fantástica y enorme a la vista, es lo superficial y flota sobre la superficie. Esto será lo primero que se derrita.

El día que comprendamos que la belleza y la duración de un iceberg (el entusiasmo) radica en la conservación de su base (la motivación), seguramente nuestro ser será mucho más consistente y feliz y nuestra Vida mucho más significativa. El día que seamos capaces de visualizar y disfrutar el 90% de lo no-visible, habremos entendido el juego.

V: Estoy totalmente de acuerdo.

P: Como el entrenamiento en el deporte.

S: ¿A qué se refiere?

P: El entrenamiento no es solamente lo que nos permite, si lo cumplimos, ir a la gran fiesta que es el partido. El 90% de nuestra vida, entrenamos y el 10% restante, jugamos. El entrenamiento debe ser una fiesta de aprendizaje, mientras que el partido es el lugar donde transferimos e invitamos a todos a la fiesta final.

Por eso, el gran objetivo en realidad es vivir, con todas las letras, con todas las connotaciones y todos los sentidos de su significancia. Y cada objetivo parcial que nos proponemos lograr es un mero instrumento para acercarnos a cada momento a ese gran objetivo que bien podría ser "degustar la Vida con autonomía, libertad y valor".

S: ¿Qué le gustaría ser?

P: Alguien genuino capaz de ser todos los días un aprendiz dispuesto.

S: Me refiero más a qué le gustaría hacer o ejercer...

P: Tantas cosas... como la Señora Vida y las circunstancias me propongan.

V: Hace un tiempo leí que un camino es solo un camino; si uno siente que no debería seguir en este, no hay que hacerlo bajo ninguna condición. Pero la decisión de seguir en el camino, o de abandonarlo, debe estar libre de miedo y de ambición. Podemos probarlo tantas veces como lo consideremos necesario y luego hacernos una pregunta.

S: ¿Cuál es la pregunta que debemos hacernos?

P: Sí, ¿cuál es?

V: ¿Tiene corazón este camino? Si tiene, el camino es bueno; si no tiene, de nada sirve. Ningún camino sabemos exactamente a donde nos llevará, pero uno tiene corazón y el otro no. Uno hace que el viaje sea gozoso, mientras lo seguimos, somos uno con él. El otro nos hace maldecir nuestra Vida. Uno nos hace fuerte, el otro nos debilita.[7]

Qué lindo mensaje, quise compartirlo porque me parece sublime, agradezco a su autor con quien me encontré un día a través de la lectura.

S: Pero sin duda, en el camino hay trabajos o profesiones más significativos que otros, más reconocidos que otros, mejor remunerados que otros.

P: Es cierto, según la valoración externa.

---

7. Oscar Anzorena, *Maestría personal, El camino del liderazgo;* Buenos Aires: Ediciones Lea, 2008.

S: Y en la mayoría de los casos, nos limitan y condicionan.

V: Las circunstancias pueden condicionarnos pero de ninguna manera apagarnos. El límite siempre lo ponemos nosotros. Si me tocase ser barrendero, puedo imaginar que la gente va a bailar en esos pisos que yo mismo limpié.

Si me tocase ser portero, puedo visualizar que la gente va a bajar diez veces para saludarme y encontrarse conmigo por la energía que les voy a transmitir.

Si me tocase ser educador, puedo sentir que los alumnos no se van a querer ir de la clase; van a decir: "Uy, ¿ya se terminó? Denos cinco minutos más porque es apasionante esta actividad que nos está ofreciendo".

Si fuera sacerdote o monja, le podría contar a los demás de las tentaciones que yo también tengo y cómo hacer para superarlas; qué generoso sería esto y cuánto valor seguramente le darían.

Si me tocase ser artista, podría lograr derramar la emoción de tal forma que regara todas las almas disponibles del Mundo.

P: Claro, qué bueno, en cada una de estas circunstancias, podríamos ser los mejores que podemos ser y regalárnoslo y regalárselo a los demás. ¿Opina lo mismo, Doña Superficialidad?

S: Interesante, sin duda da para pensar...

PARTE 10

Y si del Amor se trata...

¿Usted cree en el Amor?

P: Sí, creo y además lo anhelo.

S: Me refiero al Amor de pareja.

P: De ese mismo le estoy hablando; sentirlo es algo sublime.

S: ¿Cómo sabe usted cuando verdaderamente puede entregarse sin temores al Amor de alguien?

P: Umm... (silencio), se lo contestaré con otra poesía:

S: ¿Por qué le gusta tanto expresarse a través de la poesía?

P: Es que desde muy pequeño encontré en ella una compañera

sensible, capaz de entregarme su escucha, y luego añadir su música y su ritmo a los sentimientos vertidos desde mi humanidad.

S: Bueno, si a usted le gusta hacerlo de esa forma, lo respetaré. Le recuerdo nuevamente la pregunta porque usted es capaz de dispersarse en un segundo en su vuelo profundo y diverso:

¿Cómo se da cuenta usted cuando verdaderamente puede entregarse sin temor al Amor de alguien?

P: Estimada Superficialidad…

> Cuando sientas intensamente
> el oler ese perfume
> que te envuelve y atrapa
> con fuerza suave y mágica,
> acércate despacio
> sin ruidos, sin temor.
> Esquiva sus cascos
> y sus fortalezas
> del claro día,
> tómalo por la noche
> en la verdad de sus sueños
> que no mienten, que entregan.
> Escúchalo, espera
> no te desilusiones con la primera nota
> de una guitarra vieja,

puede que esté pronta a desintegrarse.

Ni tampoco te ciegues ni cierres,

satisfechos, tus oídos

ante la primera melodía dulce,

espera.

Deja que su corazón hable, exprese, transpire

que vierta su verdadero aroma.

Y ya totalmente desnudo

si su perfume sigue seduciéndote

suéltate,

despojándote de aquellas viejas cadenas

construidas por desilusiones

e intérnate

sin miedos, sin temor.

Deja que su mágico aroma

comience a inundar tu cuerpo lentamente,

de a poco cada vez más.

Y si alcanza deseoso a tu alma

y la acaricia con cuidadosa pasión

ya no sentirás miedo,

sino el más hermoso y noble

deseo de Amor.

S: Qué bueno sería que eso ocurriese, pero es algo que no sucede muy a menudo.

P: Por cierto, por esa razón es que este tipo de Amor es tan especial.

S: Tan especial como utópico.

P: Toda utopía es una maravillosa posibilidad que para que se concrete habrá que tener paciencia, confianza y una profunda convicción interna.

S: Paciencia, mientras la vida se nos va esperando.

P: La paciencia no es quietud sino, por el contrario, es un estado de búsqueda permanente donde la prisa y el vértigo no son los protagonistas.

S: Pero el mundo donde vivimos tiene prisa y vértigo y si uno no se adapta, las oportunidades lo pasan de largo.

P: Las verdaderas oportunidades que transforman e iluminan nuestra vida no se encuentran en el mercado masivo ni tampoco están en oferta.

S: Por lo que puedo percibir de esta experiencia que estamos recorriendo mientras nos enfrentamos, es que "la superficialidad es una máscara y la profundidad es una búsqueda", diría un slogan publicitario; por eso conviene mostrarse profundo en cierto modo, lo cual puede ser un gran truco estratégico que lograr.

P: Engañar tiene ganas de decir...

S: No, para ganar un espacio que de otra manera costaría conseguir.

P: ¿Y después qué? ¿Cómo lo sustenta a través del tiempo?

S: Como la gran mayoría lo hace. Como todos estamos en la misma situación, no importa tanto el después, no se exigirá un análisis profundo ya que si se hiciesen muchos estaríamos en problemas.

Si hay algo que no negociamos nosotros son los códigos...

P: ¿De qué códigos me habla?

S: De los que rompen a cada segundo los profundos, llevándonos, de repente, a sentir una sensación de culpa, angustia y tribulación cuando segundos antes estábamos...

P: Cómodos y cubiertos de excusas.

S: Todos tenemos excusas, es natural, ¿quién no las tiene?

P: Es cierto, es un hábito muy frecuente en estos días que sirve para ocultar constantemente...

S: Un montón de cosas que si se destaparan nos afectarían tanto que no nos permitirían vivir bien, y la vida es demasiado corta para vivirla sufriendo.

P: Es por eso que la excusa pasará a ser un opio permanente y, a cada paso, seremos más expertos en crear excusas cada vez más convincentes que puedan ocultar la verdad que se nos viene encima.

Aquel que llega a ser un especialista en crear excusas es probable que lo único que logre sea ser muy bueno en eso.

S: Cuántos rollos para una sola Vida…

P: Cuántos desafíos interesantes que nos propone la Vida…

S: Cuántas desilusiones…

P: Y también cuántas ilusiones…

S: Cuántos desamores…

P: Y también cuántas caricias de Amor…

S: Momentáneas, pasajeras, interesadas, volátiles…

P: Y también de las honestas, consistentes, comprometidas y especiales. Le contaré una historia en forma de poema. Él esperaba, utópicamente, que alguna vez apareciera la persona que le acariciara el alma. No renunció nunca a esa posibilidad. Tuvo tanta paciencia, como dolor, en esa espera activa que ya lo apremiaba:

El cielo se hizo esperar
la estrella tardó en alumbrar
el sol quemaba más y más
y el refugio no parecía asomar.
La danza siempre me encontraba solo
y el inmenso mar azul a la deriva
el camino era una incierta osadía
para un latir genuino de poesía.
La espera era incierta
pero en lo cierto creía
la llama era dolorosa
pero su fuego mi vida.
La búsqueda se tornó paciente
aunque el resultado lejano
la obsesión perdió fuerza
como también el reclamo.
Cuando llegue la caricia al alma
y su néctar sublime invada mi quietud
conquistará mi tierra y derribará los muros
dando flujo a mi cántaro de luz.
La metáfora creada suavizó mi dolor
le dio aire y sentido
a mi búsqueda exterior,
perdón, quise decir interior
y un día el cielo se abrió
los astros del planeta se embriagaron de pasión
moldearon como orfebres una musa del amor.
Y la enviaron a la tierra con todo su candor

y yo justo estaba ahí
casi rendido a la esperanza terrenal
hasta que destelló el resplandor de tu mirada
y tu figura celestial se me acercó más y más.
Con respeto y con rubor su voz me acarició
su melodía transparente hechizó mi corazón
lo que siempre imaginé estaba rozando mi piel
no pude resistir más, me entregué.

S: Entregarse puede ser un deseo maravilloso pero sin duda será extremadamente peligroso. Los inicios muestran una cara bonita y un parque lleno de flores, pero inmediatamente detrás se esconde un tráfico incesante y devastador que transforma ese rostro, lo descolora y le quita su candor. Arrasa el jardín con su asfalto mercantil e inmuniza ese aroma mágico que a uno lo hacía derretir.

P: Su relato es tan fibrilar como poético, proviene de las profundidades y trae consigo un sinfín...

S: De desilusiones, de tiempo malgastado, de esfuerzo en vano, de confianza perdida, de fracasos que ya no quiero que se repitan más.

P: ¿Y entonces qué le queda?

S: Jugar hasta ahí, en la periferia, picotear el momento,

seguir la corriente y tener un "plan B" a la mano que me permita ignorar y olvidar inmediatamente cualquier pérdida.

P: ¿Y esa manera de vivir le brinda plenitud?

S: ¿Sabe lo que me brinda? Realidad.

P: ¿Realidad, qué realidad?

S: La de tener en claro que para no desilusionarse no hay que ir más allá.

P: En estos casos, Silvio Rodríguez siempre fue un gran compañero de ruta cuando el sueño estaba en riesgo de apagarse. Siempre acompañó al adolescente, al joven y al adulto joven, todavía en su rebeldía honesta y constante. Permítame cantarle esta hermosa canción de este cantautor y veamos qué ocurre en su interior. Se llama: "En busca de un sueño" y dice así:

> En busca de un sueño
> se acerca este joven
> en busca de un sueño
> van generaciones.
>
> En busca de un sueño
> hermoso y rebelde

en busca de un sueño
que gana y que pierde.

En busca de un sueño
de bella locura
en busca de un sueño
que mata y que cura.

En busca de un sueño
desatan ciclones
en busca de un sueño
cuántas ilusiones.

En busca de un sueño
transcurren los ríos
en busca de un sueño
se salta al vacío.

En busca de un sueño
abrasa el amante
en busca de un sueño
simula el tunante.

En busca de un sueño
tallaron la piedra
en busca de un sueño
Dios vino a la tierra.

En busca de un sueño
partí con mi día
en busca de un sueño
que no hay todavía.

S: Bueno, creo que por hoy es demasiado, ¿nos tomamos un descanso?

P: ¿Pero me deja así, sin reacción, sin comentarios?

S: ¿Qué pretende?, después de Silvio y su enorme pluma, necesito un descanso y un espacio de tiempo.

P: De acuerdo, tomémonos un descanso entonces.

S: Pero tenga en cuenta que será solo un descanso momentáneo, como usted dice, para reflexionar, ordenar la mente y, como a mí me gusta, para estar listo para contraatacar.

P: Está muy bien, ¿sabe una cosa? El contraataque es una de las armas más eficaces en el deporte.

S: De ese mundo me gustaría debatir un poco al regreso de nuestro descanso.

P: Será interesante…

PARTE 11

El partido de la Vida

S: Diez días han pasado, la verdad que ya lo estaba extrañando.

P: Yo también.

S: ¿Y este escrito que empapela la pared, lo puedo leer?

P: Sí, como no. Adelante…

> **S: Necesito preguntar, me urge por demás,**
> **si ganar es lo único**
> **si perder es algo fatal.**
> **Necesito preguntar, aunque pueda incomodar,**
> **si hay licencia para perder**
> **si está permitido fallar.**
> **Necesito preguntar, me desvela la posibilidad,**

si al error hay que penalizar
o a la falta de responsabilidad.
Necesito preguntar, una y otra vez,
si el logro es la gloria
porque dura tan poco esa felicidad.
Necesito preguntar, y no voy a parar,
por qué si nos gusta tanto ganar
perdemos todo en su afán.
Necesito preguntar, aunque haya diversidad,
si fracasar es no llegar.
Necesito preguntar,
para darle sentido a mi andar,
qué es ganar.
Necesito preguntar,
para darle mayor profundidad,
qué quiero ganar.
Necesito preguntar, y me rebelo una vez más,
para qué queremos ganar.
Necesito preguntar, tenga a bien escuchar,
cómo lo vamos a intentar.
Y por último, necesito preguntar
si lo que buscas es tuyo
o impuesto por alguien más.

¿Todo esto se pregunta usted en su camino?

P: Sí, es la manera que he encontrado de ser consciente de lo que emprenderé y de tener la posibilidad de elegir y jugar el partido que quiero cada día.

S: Usted tendría que relajarse y aceptar que no es posible entender todo, hay cosas que son de cierta manera porque sí. Tómelo como un sano consejo y le aseguro que evitará angustias, desilusiones y, sobre todo, fracasos.

P: Claro, porque de esa forma la angustia queda sepultada por las capas internas, la desilusión escondida en la caja difusa de los recuerdos y el fracaso ignorado, pero latente.

S: ¡Qué obstinado es usted! Se complica la vida y complica la existencia de los demás.

P: Si complicar la vida es internarse en el vacío desconocido, pero disponible, desde el momento mismo que surge por nuestra necesidad consciente, puede ser entonces que sea como usted dice. Pero le aseguro que disfruto esa complicación porque el fruto que se extrae de dicha exploración es tan vitamínico como también, debo confesar, adictivo.

¿Considera verdaderamente usted que esta forma de entender la vida complica y empeora la calidad de vida o la existencia de los demás?

S: Yo creo que lo hace caminar por un precipicio de la mano de la incertidumbre, y queda así privado de estabilidad.

P: ¿Qué certidumbre de la vida nos da estabilidad genuina permanente?

S: El pisar en territorio conocido, sobre tierra firme, por ejemplo.

P: ¿Tierra firme?

S: Más firme que el viaje incierto que usted propone, eso es seguro.

P: Nuestra llegada a la Tierra, donde desarrollamos nuestra Vida, está llena de incertidumbre y es mágica, angustiante, esperanzadora. Nuestro nacimiento viene de la mano de la incertidumbre. Cada paso hacia un nuevo objetivo propuesto conlleva incertidumbre, es un salto a un espacio vacío desconocido, atrapante, que provoca múltiples sensaciones. Creo que hay una sola certidumbre en nuestra Vida… y es que siempre va a existir incertidumbre. Entonces pienso que no tendríamos que evitar la incertidumbre sino integrarla de un modo natural a nuestra Vida.

S: Cuénteme cómo se convive con la incertidumbre en el deporte o, más bien, en la alta competencia.

P: ¿En qué sentido, qué le gustaría saber?

S: ¿Qué ocurre cuando se está frente a una situación

límite, previo a una final, y el deseo de concreción es tan fuerte que lo único que uno quiere es que pasen las horas para poder saber si lo logrará o no?

P: Muchas veces sucede que nos enfocamos y gastamos energías en los aspectos sobre los que no tenemos control y nos cargamos de ansiedad improductiva, nociva, paralizante. Nos enfocamos en el después, en la probabilidad de que pueda ser o no ser, y luchamos en un diálogo interno desgastante.

Necesitamos que la pitonisa nos dé una señal antes de competir, un guiño positivo de que lo vamos a lograr.

Necesitamos tener el control del resultado numérico y, al no percibirlo, nos desesperamos y cargamos nuestro cuerpo de peso extra y nuestra mente de presión.

S: Que queramos tener el control del resultado numérico me parece indispensable, no podemos competir con posibilidades reales de ganar si no somos capaces de aspirar a controlar el resultado.

P: Es imposible tener el control del resultado numérico, pero sí podemos controlar todo aquello que nos puede acercar a él.

S: Yo creo que sí podemos tener el control, de hecho se realizan estudios previos de posibilidades, a partir de los cuales se establecen los objetivos numéricos.

P: Esperables y relacionados con la aspiración lógica de logro y la búsqueda de la meta deseada. Hasta aquí estamos en la misma sintonía. Pero que hayamos elegido y calculado muy bien los objetivos a perseguir no nos garantiza ni nos da control sobre el logro. El camino estará alimentado de certidumbres, que son nuestros recursos disponibles probados, y a la vez cargado de incertidumbres que es el espacio desconocido y no alcanzado hasta el momento.

Esa incertidumbre en una persona que tiene muchas experiencias vividas no tendría por qué ser traumática ni desestabilizadora, ya que a lo largo de la vida ha vivido desafíos innumerables que lo han cargado de anticuerpos y le han brindado un aprendizaje para enfrentar estas instancias.

S: Pero el de ahora es diferente, es el más importante que lo puede hacer ganar más o perderlo todo; la incertidumbre abruma y la necesidad de tener el control es indispensable.

P: En esos momentos lo que debemos tener en cuenta es que, a lo largo de nuestra Vida, hemos aprendido a convivir con la incertidumbre; la hemos derribado y hemos generado certezas que nos llevaron a descubrir nuevas incertidumbres las cuales fueron nuevamente vencidas y transmutadas en nuevas incertidumbres.

S: ¡Qué complicado suena! Tengo más incertidumbres en este momento que la propia incertidumbre.

P: (risas) El camino hacia la simplicidad tiene un recorrido, en principio, muy complejo hasta que somos capaces de desandarlo.

S: No nos vayamos de tema, usted estaba por darme la receta para combatir la incertidumbre; además sustentaba la hipótesis de la imposibilidad de tener el control del resultado numérico. Sigamos, por favor…

P: Va a ser difícil que le dé recetas porque no soy muy afecto a las mismas, tal vez conceptos que habiliten la posibilidad de encontrar alternativas de resolución. Intentaré ser lo más concreto que pueda.

Yo no tengo el control de la aceptación que podré lograr de usted en cada tema que debatamos. Pero sí tengo el control del camino técnico, conceptual y emocional que elija para lograrlo.

Yo no tengo el control del resultado numérico que le asignará el periódico a mi actuación deportiva. Pero sí tengo el control de cómo jugaré cada pelota, de mi decisión de pasar o no, de presionar o esperar, de usar una técnica u otra, de correr hasta el último segundo o no, de vencerme ante el error o no.

Yo no tengo el control del Amor que generaré en la otra persona. Pero sí tengo el control de darle todo el Amor que tengo.

Yo no tengo el control de la influencia total que pueda tener en usted al final de este encuentro. Pero sí tengo el control de haber intentado entregar toda mi naturaleza en este encuentro.

Por eso el resultado numérico será siempre la consecuencia de haber sido capaces de plasmar, en el campo de la Vida, nuestras mejores acciones disponibles. De haber sido capaces de elevar permanentemente nuestro techo de rendimiento. Y ahí está el foco, la energía que utilizaremos será un plus de energía productiva, eficaz e impermeable a la toxicidad, dirigida al aprovechamiento máximo de nuestros propios recursos. La incertidumbre se integrará a nuestra naturaleza de Vida como un espacio de desafío, posible de explorar, de convivir, de vulnerar y también de entender.

S: Bueno, está muy bien lo que usted expresa y puede parecer esperanzador y balsámico en principio, pero ¿qué hacemos con la sensación de incertidumbre o temor que nos provoca que todo lo alcanzado se pueda desvanecer?

P: ¿A qué se refiere concretamente? Deme un ejemplo que esté en este momento en sus pensamientos.

S: Me pregunto:

1. **¿Qué se hace con la sensación de temor de que el prestigio logrado pueda perderse?**

2. **¿Qué se hace con esta hermosa sensación actual de**

reconocimiento de los demás para que no se apague nunca?

3. ¿Qué se hace con la sensación de presión que genera este estado de situación permanente?

4. ¿Qué se hace para poder tener la certeza de que nuestro brillo no se opacará?

5. ¿Qué se hace con esta incertidumbre del carajo?

¿O acaso la Señora Profundidad no la tiene también?

P: Bueno, trataré de ir contestando todas sus preguntas de a una:

1. Más que alimentarme compulsivamente de la sensación de temor a que pueda perder el prestigio logrado, me alimento de las razones que me permitieron ser prestigioso.

2. La hermosa sensación actual de reconocimiento de los demás, y el deseo de que no se apague nunca, podrá sustentarse en el tiempo si soltamos la necesidad permanente de buscar agradar el mundo exterior y nos regalamos, cada día, la posibilidad de explorar nuestro ser más genuino y amoroso y dejarlo fluir en el espacio total.

3. A la sensación de presión que genera ese estado de situación podemos reconvertirla en una presión elegida desde el entendimiento y el convencimiento. De esta forma la presión será desafiante y no paralizante.

4. La certeza de que nuestro brillo no se opacará nunca la tendremos, por lo menos para la infinidad de posibilidades de observadores externos que habrá. Pero sí podemos lograr que nuestra luz interna siempre pueda estar encendida e ilumine el camino tan generosamente que pueda invitar a abrigarse a quien se quiera acercar.

5. La incertidumbre es inherente a la Vida misma, viene con ella en un combo. Pero desde hace un tiempo, en lugar de subirme a su tren trato de contemplar el paisaje, de disfrutarlo, y me permito recorrer los parajes que nos presenta la Vida conscientemente dejándome atrapar por el néctar del presente, sin demasiada prisa, sin vértigo.

A la incertidumbre con inteligencia, ¡la mandamos al carajo!

S: Muchas gracias por su intento, por su esfuerzo, por su experiencia, por sus ideas. Espero poder dominar la incertidumbre algún día y encapsularla de mi Vida.

P: Todo es posible si uno realmente lo anhela desde lo más profundo de su ser.

S: Si no lo toma a mal, me gustaría hablar de deporte de verdad, de experiencia en alta competencia. Hasta el momento viene amagando con esa posibilidad y siempre termina llevándolo a terrenos complejos, sinuosos, interesantes pero poco terrenales, poco posibles. Ya lo conozco demasiado desde la profundidad. Ahora cuénteme otra historia como aquella de la charla técnica, "al pan, pan y al vino, vino". Que me permita enfocarme rápidamente, que me atrape, que me sorprenda, que me deje pensando, que me enseñe algo pero que al final no me complique la existencia.

P: (risas) Usted es un verdadero caradura, ¿algo más desea Su Señoría?

S: Si usted fuese capaz de complacer mi pedido, no creo que yo le pidiera más. La entrevista estaría llegando a su fin y podríamos volver a la Tierra.

P: Tengo una historia muy especial que contar la cual hace mucho tiempo siente la necesidad de salir, pero no sé por qué me cuesta tanto soltarla.

S: Atrévase, no se va a arrepentir, se lo aseguro. Puedo ver que el deseo que tiene de compartirla es muy fuerte.

P: Pero el límite también es muy fuerte.

S: ¿Y se dejará vencer por él? Vamos, soy todo oídos, compañero.

P: ¿Compañero?

S: Bueno, es una forma de decir.

P: No, me quedé pensando, sería bueno que en el futuro fuéramos compañeros de verdad.

S: Bueno, no empiece a alejarse del objetivo, estaba por atreverse a contarme una historia especial.

P: ¿Sabe una cosa? Son muchas las personas que merecerían escuchar esta historia completa, como nunca se ha contado, antes que usted.

S: Pero por algo no la ha contado hasta ahora, el destino quizás quiere que sea este el momento.

P: ¿El destino?

S: Por favor, no se desvíe, se trata de hablar de deporte y alta competencia en este momento. Respetemos los temas, este será el último quizás, no me va a aflojar justo

ahora. Además, se supone que para el final siempre queda el plato fuerte, ¿no?

P: Se la voy a contar, sí, siento que tengo que hacerlo, pero quiero que sepa, y con todo respeto se lo digo, que esta historia que usted escuchará en la privilegiada situación de presencia no es una historia "al pan, pan y al vino, vino". Por el contrario, es complejamente apasionante.

S: ¿Complejamente apasionante?… espero que sea más apasionante que compleja, por favor.

P: Y también quiero que sepa, y espero no se ofenda, que aunque usted será quien la escuche, mi alma se la estará contando a otros seres, a esos colegas de la Vida que creyeron en mí y me cedieron el espacio, a esas jóvenes que tanto me enseñaron y a todos aquellos que desde su confianza y su anonimato nos acompañaron.

S: Ningún problema, estimada Profundidad, comience por favor que la intriga me atormenta.

P: Solo necesito que tenga un poco de paciencia y que preste mucha atención en la primera parte. Degústela sin ansiedad, el suspenso crecerá y el desenlace, como a usted le gusta, llegará para cautivarlo.

S: ¿Pero habrá deporte y alta competencia?

P: Claro que sí y no se imagina de qué manera.

S: Cuando usted quiera puede comenzar, ya estoy listo.

P: A ver, espere un momento… tengo una idea.

S: No, ¿otra más?… estaba a punto de comenzar la historia, por favor no la dilate más.

P: Creo que será muy bueno para ambos.

S: ¿Cómo dice?

P: Si me da un par de horas, yo le traeré la historia escrita, usted la leerá y luego probaremos contarla juntos, en equipo.

S: Pero ¿cómo voy a contar algo que no sé de qué se trata y que, además, no me pertenece?

P: Verá que le resultará muy familiar y cercana.

S: ¡Con la ansiedad que tengo y a usted se le ocurre esto!

P: Podrá tomarse todo el tiempo que necesite para degustarla, como así también elegir los momentos que le gustaría interpretar. Y cuando esté listo, solo tendrá que avisarme y empezaremos.

S: Bueno, pero ¿cuándo me traerá la historia?

P: Esta noche se la dejaré en su espacio de descanso, donde a usted le gusta quedarse cuando nos tomamos un tiempo de pausa.

S: Está bien, pero no le prometo jugar este juego que me propone. Recién después de leerla, lo decidiré.

P: De acuerdo, solo le pido que me avise cuando ya esté listo.

Superficialidad y Profundidad se retiraron.

PARTE 12

La historia

Dos días después, la Superficialidad llamó a la Profundidad decidida a emprender el desafío propuesto por esta última.

De común acuerdo se repartieron las situaciones y los personajes y arrancaron…

P: Una mañana, Nelly Giscafré, psicóloga deportiva, iniciaba su camino con un seleccionado femenino. Su primer paso sería trabajar con el cuerpo técnico de campo compuesto por cuatro personas (el head coach, el entrenador, el asistente técnico y el preparador físico). Estaba lista para continuar, de a poco, ese camino con las jugadoras hasta llegar así, en un tercer período, a un trabajo con todo el equipo (jugadoras y cuerpo técnico).

Luego de un primer encuentro con el cuerpo técnico, se dirigió al campo de juego a observar el entrenamiento. Una vez finalizado, se reunió nuevamente con ellos y les dio su opinión de lo observado:

"Tienen un *equipo de leonas* que se potencia ante la presión", fueron sus primeros conceptos sobre el equipo.

Los entrenamientos fueron sucediéndose y al finalizar cada uno de ellos, los encuentros con Nelly eran cada vez más sustanciosos. El trabajo con el cuerpo técnico fue tan *intenso* como *liberador*. Era un espacio de descubrimiento permanente, generador de nuevas alternativas de aplicación y comunicación.

Poco a poco, las jugadoras fueron advirtiendo los cambios favorables que producían sus entrenadores. Las prácticas eran la prueba del trabajo previo realizado, producto de ese entrenamiento invisible que llevaban a cabo con la psicóloga. Hasta que llegó el momento natural y propicio… ellas también tendrían su trabajo específico con Nelly. Fue algo natural porque fue deseado y no impuesto, lo cual propició sin dudas una apertura diferente.

Luego de la práctica se dirigieron todas a una sala y compartieron con Nelly una interesante charla. Cuando promediaba el encuentro, ella le repartió unas hojas a cada jugadora. Era una evaluación para medir diferentes ítems relacionados con lo mental. El entrenador pidió si también él podía realizarlo, a lo que ella gentilmente accedió. Una vez terminado el trabajo, el equipo se retiró. Era un jueves y el próximo encuentro recién tendría lugar al lunes siguiente.

Ese mismo lunes, Nelly ya tenía analizada cada evaluación y, como todo buen profesional, dio importantes conclusiones que compartió con el cuerpo técnico desde lo global y no desde lo particular. Una vez terminada la sesión del equipo técnico con la psicóloga, antes de retirarse, le pidió al entrenador un tiempo más para poder conversar a solas con él. Luego de un preámbulo que ayudó a romper el hielo, le preguntó cómo estaba, cómo se sentía. Indagó un poco en el aspecto personal y, ante la curiosidad del entrenador por saber el resultado de la evaluación, como quien no quiere la cosa ella le dijo: "Estoy un poco extrañada, el resultado dio un bajo nivel de energía".

De ninguna manera la evaluación coincidía con la observación que la profesional había hecho de él durante todo ese tiempo de trabajo. Al contrario, percibía energía, entusiasmo y una pasión tremenda por la actividad en el entrenador.

Cuando se dieron cuenta, habían transcurrido más de dos horas desde que comenzaron a conversar. A partir de ese día y una vez por semana, además de trabajar con las jugadoras y con el equipo técnico, Nelly le dedicaría un valioso tiempo extra al entrenador.

Luego de un período determinado, descubrieron *dónde* se escondía el motivo de la falta de energía: "autoestima personal baja" que no se reflejaba en el día a día en el campo de entrenamiento por el inmenso amor que tenía por lo que hacía y con quiénes lo hacía. Pero había algo latente que lo frenaba, que lo entorpecía, que limitaba su andar. Miedo e inseguridad de volverse a enamorar. Temor a no estar a la altura de lo que el otro esperaba.

A partir de ese descubrimiento, una puerta inmensa se

abrió. Trabajaron mucho, y con la ayuda de Nelly, el ser humano que estaba dentro del entrenador fue enfrentando sus debilidades aparentes, lentamente fue verbalizando sus miedos, fue rompiendo en su interior esas cadenas de desilusiones que había construido y, sobre todo, fue despojándose de un pasado temido, acechante, que oscurecía el camino presente. Todo este proceso fue arduo, esclarecedor, estimulante, pleno, lleno de incertidumbre aceptada pero desafiada.

Cada centímetro, cada segundo de experiencia abría una nueva puerta hacia la libertad. Tanto camino recorrido, tanta esperanza acumulada, tantos túneles superados, hasta llegar por fin a encontrarse con la persona que le acarició el alma de forma tan cuidadosa y genuina que rompió todas las corazas y las cadenas que por tanto tiempo lo habían aprisionado.

Pareciera que el trabajo realizado con la psicóloga posibilitó encontrar a la persona que acarició su alma y esto, a su vez, hizo que su trabajo mejorara… Se reflejaba una nueva energía interna, poderosa, estimulante que se unió a la energía natural de su vocación y juntas se hicieron un solo ser. No hay fuerza más poderosa que la del Amor, la libertad para amar y la posibilidad de ser amado de verdad.

Fue como un *big bang* para el entrenador, una bisagra en su vida, un rayo que le regaló ímpetu, fortaleza y convicción.

V: A esto yo lo llamo "la transversalidad del AMOR", ¡con todo el poder que esto implica! (se emociona).

S: Muy fuerte, ahora entiendo por qué tanta emoción y las cataratas de lágrimas en sus ojos…

P: ¿Recuerda las palabras de Nelly en aquel primer día en que observó a ese seleccionado femenino?

S: Sí, claro que recuerdo, ella dijo que era un *equipo de leonas* que se potenciaba ante la presión. ¿Cómo no recordar esas palabras? ¿Donde están ahora esas muchachas, que fue de sus vidas?

P: Será un placer poder contarle al Mundo lo que fue de ellas. Pero, sobre todo, la historia secreta y poco sabida, todo lo que permaneció oculto y a la gente le gustaría conocer.

S: Vamos, continuemos de una vez con el relato, ¡estoy ansioso por develar el secreto!

P: Bueno, sigamos… luego de soltada tan contundente e intuitiva frase, la psicóloga pudo comprobar la veracidad de esta en las evaluaciones y, más aún, en el día a día de las prácticas que observaba. Cada vez estaba más convencida de lo que había visto ese primer día. En ese tiempo, la realidad de ese seleccionado era la siguiente:

Tras un espacio de silencio, la Profundidad miró con complicidad a la Superficialidad y le recordó que era su turno de proseguir con la historia, tal cual lo acordado previamente por ambos.

La Superficialidad asintió y reaccionó velozmente diciendo:

El Equipo Nacional había logrado un meritorio cuarto puesto en el mundial, (Utrecht, Holanda 1998), quedando solo a un paso del podio, y había clasificado con holgura para disputar, al año siguiente, el Champions Trophy (torneo que solo juegan los seis primeros equipos clasificados, algo así como el Máster en tenis); y nuestro país, Argentina, era la segunda vez en su historia que ganaba el derecho a jugarlo. En ese Champions Trophy, (Brisbane, Australia 1999), el equipo logró nuevamente el cuarto lugar y obtuvo de esta forma uno de los objetivos que se habían propuesto tanto el cuerpo técnico como las jugadoras al comenzar el ciclo en el año 1997: _en los cuatro años siguientes estar en todas las semifinales de los torneos más importantes que disputaran (Mundial, Champions Trophy y Juegos Olímpicos), y en el primer lugar en los Panamericanos._ El argumento era que si este desafío era logrado, los podios llegarían por añadidura. El cuerpo técnico había estudiado que los equipos más importantes del mundo, antes de llegar a serlo, se consolidan primero en ese puesto con consistencia y regularidad de resultados para que, una vez allí, preparados y

con la madurez técnico-táctica, física y mental necesaria puedan dar el gran salto.

Nelly escuchó con mucha atención la planificación estratégica del cuerpo técnico para el seleccionado femenino, y así fue como juntos emprendieron el camino del entrenamiento que los llevaría en busca de los objetivos propuestos.

La comunión entre el cuerpo técnico, la psicóloga y las jugadoras cada vez era más fuerte; juntos trabajaron para potenciar al máximo las capacidades de cada uno de los miembros.

En el camino del equipo, ese año también lo esperaba una gran parada: "Los Juegos Panamericanos de Winnipeg, clasificatorios para los Juegos Olímpicos de Sydney 2000". El primer equipo clasificado en los Juegos Panamericanos, además de tener el honor de ser medalla de oro en esta importante competencia, recibiría un plus: el *pasaporte directo a los Juegos Olímpicos*.

El seleccionado femenino logró la medalla de oro, luego de ganar una final memorable contra EE.UU. por 5-2; de esta manera se potenció ante la adversidad y superó situaciones críticas vividas en la previa de este partido. Antes de esa final, el equipo supo enfrentar y sortear situaciones de crisis muy complicadas, no profundizaré en ellas pero sí vale la pena contar el magnífico aporte que realizaron los asistentes para que el equipo pudiera potenciarse y alcanzar el triunfo.

Pocas horas antes del encuentro el preparador físico,

Luis Bruno, le había contado al equipo una historia tan significativa y fuerte, que esta abrió el poder de las almas del grupo. Esa historia, él mismo lo prometió, continuaría en los Juegos Olímpicos de Sydney 2000. El asistente técnico, Claudio Junquet, fue fundamental en el entretiempo de esa final. Allí mismo, este hombre aportó toda su sabiduría y equilibrio al servicio del equipo, lo que permitió generar una charla técnica tranquilizadora, eficiente y ganadora. El equipo se había ido al descanso con un 2-2, luego de que EE.UU. empatara en el último segundo por un error de distracción poco frecuente. En el segundo tiempo, la selección femenina hizo tres goles e hilvanó una actuación memorable.

A la vuelta del Panamericano se comenzó a trabajar para el Champions Trophy a jugarse en Ámsterdam al año siguiente, justo unos meses antes de los Juegos Olímpicos. Pero en realidad, la cabeza de cada uno y el objetivo principal estarían enfocados en el Juego Olímpico.

En una reunión con el cuerpo técnico, Nelly les dijo: "Hay que inventar algo para sacarlas de cuartas". La frase impactó e hizo ruido en el cuerpo técnico, ya que estar cuartos en el Mundo había demandado un esfuerzo muy grande y una convicción muy fuerte de que podían lograrlo.

Fue así como le explicaron a Nelly que lograr ser cuartos en el Mundo costó mucho esfuerzo y que si en el próximo Champions Trophy volvían a estar en el cuarto lugar, sería un paso más y no una decepción ya que por tercera vez consecutiva se lograría un espacio en el sitio de los mejores. *Ser cuartos* no significa *ser de cuarta,* sino estar a un paso del podio tan anhelado. Y el hecho es que, si el equipo continuaba estando en las semifinales de todos los torneos, tarde o tempranos los podios arribarían.

V: Como lo expresó Miguel Ángel: "El peor peligro no es que nuestra meta sea muy alta y no la alcancemos, sino que sea muy baja y la logremos".

El tiempo pasó y llegó el momento del Champions Trophy en Ámsterdam. Nuevamente la Selección llegó a jugar por el bronce, esta vez contra el multi campeón Australia, y perdió el podio por la mínima diferencia; sin embargo, a pesar de ello dejó una imagen muy auspiciante de cara al Juego Olímpico.

A pesar de que la actuación fue muy buena, la desilusión de las jugadoras pasó a ser muy grande; por tercera vez estaban tan cerca y el podio se escapaba nuevamente. Los rostros expresaban la decepción.

Ya en Argentina, sin esperar un día más, el cuerpo técnico se reunió con Nelly para realizar un análisis exhaustivo de lo que había sido el desarrollo del juego durante todo el torneo. A pesar de que Nelly no había viajado con el equipo, había visto los partidos por televisión (cabe aclarar que en ese entonces no existían los recursos para que viajara más de un asistente, y la posibilidad de que se aprobara y autorizara el viaje de un psicólogo estaba muy lejos).

Paso siguiente, la observación y reflexión hecha por Nelly sobre la actuación del equipo fue muy esperanzadora. Sin embargo, luego de terminar su análisis volvió a referirle al equipo técnico la necesidad de "inventar algo para sacarlas de cuartas". Frase que calaba más y más hondo en el interior del entrenador, ya que cada vez que la oía le producía mayor fastidio e incomprensión.

Los entrenamientos fueron pasando y la evolución y motivación mostrada por las jugadoras era cada vez más visible. El hambre y la voracidad que las atletas mostraban eran impactantes. Cada disputa de la bocha era la vida, cada ataque hacia el arco rival dejaba un surco de ferocidad, su interpretación y goce del juego colectivo era emocionante. La comunicación entre ellas había logrado tal nivel de empatía que hasta el más frío invierno que azotaba el campo no podía combatir semejante calidez interna.

Un reportaje realizado a una de las jugadoras referentes generó en el seno del cuerpo técnico un impacto emocional muy fuerte. La jugadora dijo: "Antes que ser cuartas otra vez, prefiero que seamos últimas".

En ese momento, semejante aseveración no fue fácil de digerir; en la cabeza del entrenador quedó rondando esa frase en forma constante. Para colmo, a cada momento, la psicóloga insistía con su bendita frase "hay que inventar algo para sacarlas de cuartas".

A menos de un mes de viajar hacia los Juegos Olímpicos, en una serie de Test Matches ante Sudáfrica en la

cual Argentina ganó todos sus partidos con mucha autoridad, se produjo un acontecimiento trascendental. Este se suscitó en la cena de cierre de la serie, luego del último test match jugado en el Jockey Club de Rosario. El Jockey Club era un club delicioso en sus detalles, tal es así que para ese partido se encargó de invitar y agasajar a las parejas y familiares de las jugadoras desde el primer minuto.

La distribución llevada a cabo por parte de la organización del club donde se jugaba el evento hizo que se sentaran en una gran mesa circular cuatro referentes del plantel: Karina Masotta, Vanina Oneto, Anabel Gambero y Jorgelina Rimoldi con sus respectivas parejas, además del asistente técnico Gabriel Minadeo y el entrenador (Gabriel había reemplazado hace unos meses a Claudio Junquet).

En un determinado momento de la amena charla compartida entre todos los integrantes de la mesa, el esposo de una de las jugadoras comentó dirigiéndose hacia los entrenadores: "¿Saben lo que les falta a ustedes?". E inmediatamente prosiguió: "Algo que las identifique, un logo o no sé qué… ¿se imaginan cómo lo podrían aprovechar si llegaran a lograr una medalla?".

Fue un instante crucial donde en un segundo pasaron por la mente, como un rayo, miles de imágenes, palabras, momentos; sin dejar pasar de largo el comentario, el entrenador le preguntó al esposo de Vanina en qué tipo de símbolo estaba pensando. Él le respondió que

podía ser algo autóctono, un animal que las representara, pero que lo más importante era que supiéramos que era una gran oportunidad que no podíamos desaprovechar. *Porque si llegaran a sacar una medalla…*

Terminada la cena, todo el equipo subió al micro de regreso a Buenos Aires. Eran ya la 1.15 de la madrugada, el hermoso y significativo domingo se había extinguido y había dado paso al lunes. El arribo sería aproximadamente a las 5.30 de la mañana, y a su llegada las jugadoras tendrían tiempo libre hasta el martes a la mañana.

A la media hora de iniciado el regreso a Buenos Aires, todos dormían excepto una persona: el entrenador, que no paraba de reflexionar. Una sensación intensa y muy fuerte recorría su mente y su cuerpo hasta que se dijo a sí mismo: "Tienes un *equipo de Leonas*, ellas se potencian ante la presión". En el mismo instante, volvió a resonar en sus oídos "hay que inventar algo para sacarlas de cuartas".

Inmediatamente apareció "un logo, algo que las represente" y para cuando todos estos impactos se conjugaban y se entremezclaban en su mente, un golpe final lo azotó. "Antes que salir otra vez cuartas, prefiero que seamos últimas" fue como un estruendo que llegó hasta la última capa de su espíritu.

Todas estas frases resonaron sin cesar en su cabeza y en su alma durante todo el viaje; la noche no tenía estrellas, era sombría y silenciosa, la niebla rodeaba la ruta, pero un camino cada vez más perceptible se abría paso con una claridad extrema.

La llegada fue a las 5.35 de la mañana; cada una de las jugadoras fue recibida por sus familiares y emprendieron el camino a sus casas al igual que los integrantes del cuerpo técnico. No así el entrenador quien fue directamente al Ce-NARD (Centro Nacional de Alto Rendimiento, lugar donde todos los días entrenaba el seleccionado), ensimismado en su diálogo interno.

El día de a poco comenzó a asomar en la mañana invernal, la cancha de hockey estaba solitaria, silenciosa, expectante y se mostraba desafiante ante el recorrido incesante del entrenador. De a poco, el tiempo comenzó a correr cada vez más rápido hasta que por fin se hicieron las 9.30, hora en la que llegaría la persona tan esperada. Dirigiéndose a la sala de las transformaciones, con enorme adrenalina, el entrenador se despidió con un guiño cómplice hacia el "templo verde", la cancha de entrenamiento, el gran espacio de crecimiento, el coliseo de tantas victorias y derrotas diarias, y sobre todo de aprendizaje. Tres minutos demoró en llegar al sitio del encuentro tan esperado, y al abrir la puerta se topó con:

—Buen día Coach, qué temprana sorpresa.

—Buen día Nelly.

—¿Cómo les fue en Rosario?, ¿recién llegaron?

—Hace más de tres horas.

—¿Y no te has ido a dormir?

—No Nelly, necesito hablar contigo.

—Claro que sí, pasemos al consultorio.

Sin preludios ni pausa, en el mismo momento que entraban en la sala, el entrenador le dijo:

—Tú nos vienes diciendo, desde hace dos años, que tenemos que inventar algo para sacar al equipo de cuartas, ¿no?

—Sí, es cierto.

—¿Cuántas veces me lo has dicho?

—En varias oportunidades y en determinados momentos, ¿no?

—¿Sabes lo que creo Nelly?

—Dime.

—Que hay que inventar un entrenador.

—¿Cómo es eso?

Un entrenador que no sea un cagón.

Un entrenador que tenga el coraje para estar dispuesto a perderlo todo por defender genuinamente el sueño colectivo.

Un entrenador que no esté pensando en una semifinal de un juego olímpico para aferrarse a la aceptación inconsciente de un nuevo cuarto lugar como algo positivo, porque de darse este resultado habilitaría la renovación del contrato de él y de todo su cuerpo técnico por cuatro años más.

Un entrenador que posea la valentía y el coraje de tener licencia para perder su trabajo, si es necesario, ese trabajo que ama y que quisiera conservar por siempre en pos de lograr algo que sería mucho más trascendental y generoso.

Mientras el entrenador no paraba de expresarse, el lenguaje corporal de Nelly cobraba más entusiasmo y deseo de escucha.

—¿Sabes qué hay que inventar Nelly?

—Soy toda escucha.

—Un entrenador capaz de escuchar a sus colegas. Un entrenador capaz de escuchar el latido de sus jugadoras. Un entrenador que sea capaz de distinguir capacidades fluyentes y que les permita a sus dirigidas sacar la Leona que tienen en su interior, escondida, enjaulada y privada de libertad. Un entrenador que se dé cuenta de que tiene un equipo de Leonas que se potencia ante la presión, que están hambrientas de presión porque la presión para ellas hoy es alimento. Un entrenador que no les ponga límites porque este equipo no los tiene.

Un entrenador que las desafíe a más.

Gracias Nelly por tanto, y perdón por no poder comprender tu pedido durante estos dos años.

El invento que necesitamos hace tiempo es una realidad que espera que se le quite el velo. Solo falta que las jugadoras puedan darse cuenta de la Leona que llevan en su interior, en sus entrañas, en sus venas, en su sangre, en su piel y que desde allí vuele a su camiseta y se estampe por siempre en su espíritu.

—Sí, sí, eso es. Ese es el Entrenador que estaba esperando que reveles y le permitas jugar.

—No será necesario inventar al entrenador, ha nacido en este momento, luego de mucho esfuerzo, búsqueda y transformación. Ahora solo nos queda darles conciencia a las chicas de lo que en verdad son. Y luego plasmar en un logo todo el espíritu que tienen adentro.

—Vamos, pensemos…

—Necesitamos una enciclopedia, sí eso es, para ver todas las similitudes existentes entre *una leona* y *nuestro equipo de Leonas.*

—A la biblioteca, Entrenador.

Luego de leer las características de la leona, Nelly acometió:

—La leona sale a cazar la presa para darle de comer a sus crías. Nuestras Leonas salen a cazar la presa para alimentar su sueño. La leona cuida a sus crías más que a su propia vida. Nuestras Leonas cuidan a sus compañeras como si fueran ellas mismas. La leona tiene garras para defenderse y atacar. Nuestras Leonas tienen garras para jugar. Coach, tenemos que pensar en una reunión para comunicar esto.

A ver, imaginemos cómo…

—¿Qué te parece Nelly si pasamos en limpio lo que hemos estado sintiendo y aquello que soñamos que suceda? Veamos qué sentimos en nuestras tripas, en nuestro corazón y en nuestra mente, mientras lo expresamos…

—Buena idea, te escucho.

—Comencemos recorriendo, emotiva y conceptualmente el tiempo, para entender la realidad de nuestro querido equipo, a través de la historia y el estado de situación en que se encuentra, para luego preparar la estrategia.

V: Mirar hacia atrás y pensar hacia adelante:

1. Las jugadoras son Leonas del deporte y se potencian ante la presión, desde un primer momento eso fue lo que percibiste en ellas. Y se lo transmitiste al cuerpo técnico desde el primer día.

2. El cuerpo técnico había convencido a sus jugadoras de que con ESFUERZO (entrenar más que todos los equipos del planeta), CONVICCIÓN (amar lo que se hace), CRECIMIENTO CONTINUO (cada día podemos buscar ser mejores que el día anterior, en lo técnico-táctico, físico y mental) y VALORES (proteger siempre el cómo) podíamos lograr ser un equipo especial. El equipo más apasionado, el más inteligente para convivir, el más unido del planeta.

3. El podio olímpico era una meta soñada, el ganar un Champions Trophy también, el ganar la Copa del Mundo de solo pensarlo iluminaba nuestras mentes. Pero detrás de todos esos deseos, había un sueño mayor, muy fuerte, muy intenso: lograr que nuestro deporte, el que nos enseñó a crecer, a buscar, a pelear, a disfrutar, a no entregarse jamás, el que amábamos con toda nuestra alma, pudiera enarbolar su bandera y llenar de entrega, valentía, generosidad y amor toda la sociedad.

    Que se puedan abrir las puertas para que todos lo

puedan jugar.

Que se puedan abrir las puertas para que el deporte
en tres líneas ocupe otro lugar.

Que se puedan abrir las puertas a los grandes
soñadores que tan pequeños están en Argentina.

4. "Hay que sacarlas de cuartas, hay que inventar algo
para sacarlas de ese lugar", repetías insistentemente,
esperabas un tiempo y volvías a acometer con la sabiduría que da la paciencia, en una búsqueda constante
pero sin vértigo.

5. El cuerpo técnico trabajaba con plena convicción de
que si no dejábamos de crecer y superarnos, tarde o
temprano los objetivos llegarían.
También cuidaban que no hubiera presión extra,
ya que en otros momentos esa presión hizo caer el
rendimiento y el objetivo. Había que caminar hacia él
pero sin nombrarlo.
Ya nos habíamos dado cuenta de que el objetivo
de llegar a todas las semifinales de los torneos que
jugáramos había surtido efecto, era un desafío que
potenciaba y se llegaba a ese lugar con increíble
autoridad. Aunque por el momento no se podía
superar esa línea divisoria entre ser semifinalista y el
podio, la puerta cada vez estaba más cerca de abrirse,
era solo cuestión de tiempo y paciencia.

6. ¡Ojo equipo! La paciencia no es quietud, por el contrario, es búsqueda permanente. Ustedes hace mucho tiempo que están movilizando sus estadios de crecimiento, cada vez son mejores y más fuertes deportistas que el día anterior, el problema es que no han movilizado sus objetivos numéricos. Hace tiempo que no los ponen a prueba, que han perdido audacia para dar un nuevo examen, un nuevo reto que les permita comprobar todo lo que han evolucionado. Hace tiempo que no estimulan a su equipo con un súper desafío. Las jugadoras están hambrientas pero no encuentran dónde comer o, mejor dicho, ven la comida y no entienden por qué ustedes no les abren la jaula para que puedan ir en busca de ella. Es por eso que prefieren, antes de ser cuartas otra vez (antes de seguir en la misma jaula con un cuerpo cada vez más fuerte y dinámico que ya no saben cómo dominar en ese pequeño espacio) ser últimas pero en un espacio que les posibilite probarse, jugar, ganar.
Todo esto, Nelly, me lo has dicho sin decirme más que…

—Que hay que inventar algo para sacarlas de cuartas, o de la jaula.

7. En reiteradas ocasiones, por no manejar bien los tiempos evolutivos de las personas, de los grupos, de los equipos, los cargamos de una presión o peso imposible

de sostener, y como resultado logramos la pérdida de autoestima y confianza. Como también, en muchas oportunidades, las personas u equipos están maduros, como quién dice a punto de caramelo, y por miedo a ir a un nuevo estadio que se abre delante de sus ojos al igual que una flor o por miedo a perder lo que hoy tenemos asegurado, terminamos perdiendo el entusiasmo, la motivación, la posibilidad de ser... Terminamos perdiéndolo todo.

—Señor Conductor, si usted tiene miedo a perder su puesto como conductor y lo cuida desde el conservadurismo, limitando su audacia natural, habrá matado al Entrenador y su sueño mucho antes de que sea inexorablemente reemplazado a través de los ciclos del tiempo.

Prefiero entonces afrontar la posibilidad de morir antes de quedar paralizado en vida y matar el rugir de un equipo que quiere *ser*, desafiando todos los riesgos y las posibilidades que eso implica.

V: Es preferible ir a los tumbos, equivocarse, caerse y levantarse, siempre y cuando transitemos por nuestro camino, y no llegar cómoda y fácilmente a un lugar que en realidad no era el que esperábamos que fuese nuestro destino final.

—Así lo siento hoy, esto es lo que fui descubriendo en todo este tiempo, mi querida psicóloga. Entonces Nelly, si la Leona está en el interior del espíritu de estas chicas,

tenemos que generar el espacio para que ellas mismas lo descubran y puedan exteriorizarlo, para que se den cuenta del valor innato que hay en ellas. Por eso, "el logo" será la consecuencia, la confirmación de que el "espíritu de Leona" se ha plasmado en el estampado de las remeras de sus vidas.

—Es así Entrenador, mi querido Entrenador, ya estamos maduros y listos para emprender ese paso.

¡Qué transformación has tenido, cuánto has crecido, cuánto has luchado!, ¡venga ese abrazo compañero!

—El gran paso ya lo hemos dado. Los cimientos están más que firmes, ahora vamos por cada compartimento.

—¿Cuánto tiempo falta exactamente para que viajen al Juego Olímpico?

—En veinte días estaremos viajando a Nueva Zelanda donde haremos la gira previa jugando tres test matches para luego ir directo a Sydney. Y quiero expresarme mejor Nelly, estaremos viajando, porque tu presencia en la gira ya fue aprobada por la Asociación y estarás con nosotros, tú eres parte del equipo también.

—¡Qué bueno!, hermosa noticia. ¿Puedo compartirte lo que tengo dando vueltas y vueltas en mi cabeza?

—Claro que sí.

—¿Qué te parece si mañana citamos a las jugadoras que consideres referentes para esta causa y les comunicamos la idea?

—Me gusta. Y algo más, ¿qué tal si en vez de comunicarles la idea, provocamos que ocurra?

—Sí Coach, lo tengo, así será. Nosotros sabemos lo que queremos, solo tendremos que generar el contexto y el espíritu saldrá solo.

—Llamemos a Gaby y a los dos Luises (cuerpo técnico) para comunicarles lo vivido.

—Ahora mismo me comunico con ellos.

Al otro día, luego de finalizado el entrenamiento, se invitó a Karina Mazotta, Vanina Onetto, Magdalena Aicega, Anabel Gambero y Jorgelina Rimoldi (jugadoras referentes) a reunirse con el cuerpo técnico. En ese encuentro participaron Nelly Giscafré, la psicóloga, Gabriel Minadeo, el asistente técnico, y el entrenador; ninguno de los dos Luises pudieron asistir.

En una pequeña sala acondicionada con una calidez especial comenzó la reunión con unas palabras de Nelly donde, con contagioso entusiasmo, les recordó a las cinco jugadoras y a los dos entrenadores lo poquito que faltaba para emprender el viaje hacia el torneo tan esperado. Hizo un recorrido del camino desandado por el equipo y poco a poco el clima cobró "temperatura emocional". Fue en ese preciso instante en que les preguntó a las chicas:

—¿Cómo se sienten en este momento? —a lo que ellas respondieron:

—Muy bien, solo que ya queremos estar en el Juego Olímpico.

—¿Por qué quieren estar ya allí?

—Porque hace mucho tiempo que esperamos otra oportunidad de estar en un juego olímpico.

—¿Para qué?

—Para poder jugarlo.

—¿Pero no han jugado uno ya? (Las Cinco ya habían participado en Atlanta 1996).

—Sí, pero no como queríamos hacerlo, aquella vez fue el primero, todo era nuevo. Lo vivimos y disfrutamos intensamente en todos los aspectos, excepto el deportivo. Nuestro foco no estuvo en lo importante y mucho tuvo que ver con nuestra inexperiencia, por eso queremos volver a tener ese desafío. (Ninguna jugadora de este equipo había jugado alguna vez un Juego Olímpico).

Porque a pesar de todos los esfuerzos que hizo el anterior cuerpo técnico por centrarnos en la competencia, hoy nos damos cuenta de que fuimos caprichosas, que nuestro foco como jugadoras no estuvo puesto en lo importante, que nos fastidiábamos fácilmente, que pretendíamos estar en todos los eventos de los demás deportes, y nos molestaba cuando no era posible o no nos autorizaban a hacerlo.

Hoy nos damos cuenta de que lo que trataban de lograr con nosotras era que nos focalizáramos en nuestra posibilidad, pero lamentablemente las tentaciones de toda la magia que provoca estar en un Juego Olímpico con todas las estrellas que veíamos a nuestro alrededor, con quienes no nos daban las manos para sacarnos fotos, hizo que de repente terminara el Juego Olímpico y no nos diéramos cuenta de que podríamos haber sido y no fuimos.

V: Me encanta esta reflexión. Y volviendo a lo superficial y a lo profundo, ¿acaso se distrajeron con superficialidades? Y en verdad, si así fue, son tan humanas como cualquier ser humano. Lo bueno es poder verlo, observarlo y comprender que hay una próxima oportunidad para triunfar, un "próximo tren".

—Qué bueno es que hayan podido reflexionar y aprender de lo que les pasó y qué importante será que en el futuro comprendan que ustedes son "estrellas" también, son protagonistas de un acontecimiento magnífico al cual muy pocos llegan. A propósito, ¿cuántos deportistas del mundo jugarán dos juegos olímpicos como ustedes?

Luego de pensar unos instantes dijeron:

—No muchos quizás, pero es distinto…

—¿Qué es lo distinto?

—Y…

—¿Qué tienen los demás deportistas o deportes que ustedes no tengan?

—Una historia, un reconocimiento popular, medios que los siguen, sponsors millonarios.

—¿Con qué deporte o equipo ustedes se identifican o sienten que, de alguna manera, se asemeja a ustedes en espíritu y no solo eso sino que además admiran?

Luego de unos segundos y de mirarse entre ellas, nació una exclamación compartida:

—*¡Los Pumas!*

Mientras sus manos correspondían con tensión.

—¿Por qué?, ¿qué tienen Los Pumas que las moviliza?

—Tienen garra y mística, ¡tienen alma!

—¿Y ustedes?

—Nosotras también tenemos garra —gritaron con bronca competitiva mientras sus manos se contraían, sus cuerpos se hinchaban y sus ojos se salían de órbita.

—¿Entonces?

—También somos unidas y tenemos hambre, compromiso, sentimos cada momento que vivimos… y queremos ser…

—¿Qué quieren ser, quiénes son ustedes? Los Pumas son pumas y ustedes… ¿qué son?

Se miraron nuevamente por unos segundos y con una tremenda espontaneidad gritaron:

—¡Somos leonas… somos Leonas!

En ese momento sus manos se convirtieron en garras desafiantes, listas para atacar, y sus cuerpos se iluminaron con una furiosa convicción.

Y nosotros allí, expectantes, absortos, con las pulsaciones elevadas de energía observándolas fijamente.

—Nosotras queremos ser Leonas, porque somos leonas —gritaron al unísono las cinco jugadoras. Su aseveración parecía venir desde las profundidades del ser de cada una, de sus entrañas teñidas de la sangre de sus órganos, del temblor de sus huesos que, después de tanta y tanta búsqueda de años, generaron un huracán interno capaz de salir a la superficie y revelarse.

Muchas generaciones lucharon y ayudaron a superar

estadios de evolución para poder llegar a descubrir esa identidad natural, hacerla madurar y llevarla a la superficie de la conciencia para hacerla inmortal.

—¡Claro que son Leonas!, Leonas del deporte, Leonas de la Vida, Leonas del hockey.

—Pero no tenemos…

—¿Qué no tienen?

—El símbolo que nos autentifique, que nos represente, que nos dé identidad.

—El símbolo lo tienen estampado en su alma. Todo su ser está regado del espíritu de Leona que conlleva una garra inconmensurable, amor y cuidado por sus crías (que son sus compañeras de equipo) junto con una búsqueda permanente de desafíos y superación.

—Pero nos hace falta que esté en nuestras remeras, en el consciente colectivo, que se haga carne y realidad en nosotras y en la sociedad.

—De ustedes y solo de ustedes dependerá que esto suceda, chicas. Son las encargadas de ir y de desparramar este espíritu de Leona a todo el equipo.

—Pero, ¿cómo se logra esto?

—Ustedes sabrán hacerlo. Y una vez hecho, vengan y transmitan "su deseo".

—¿Significa que podremos tener el símbolo de Las Leonas durante el Juego Olímpico?

—Podrán tener mucho más que un símbolo, podrán sacar y dar a luz "su poder".

—Vayan, revelen su rugido, ¡contagien!

La atmósfera de la sala quedó conmocionada y las chicas lentamente se retiraron muy juntas, con sus corazones latiendo hacia el futuro. Fue un instante mágico que devino en un abrazo eterno entre Nelly, Gaby y el entrenador; algo muy fuerte había sucedido, algo trascendental había nacido.

Después de unos segundos, el entrenador, mirando a Nelly con admiración, le dijo:

—Gracias, de todo corazón gracias, qué trabajo inconmensurable has realizado. A través de la comunicación has logrado hacer parir el espíritu hacia la superficie.

Mientras tanto Gabriel no podía contener el llanto y la emoción lo desbordó hasta tal punto que provocó un nuevo abrazo eterno.

Los tres estaban exhaustos, se recostaron en las sillas en un silencio activo con miradas encendidas y húmedas. Cuando de repente, el entrenador rompió la apacible quietud y se levantó diciendo:

—Falta muy poco para el Juego Olímpico, las chicas probablemente mañana vengan por su deseo. Hay que pensar en la factibilidad de contar con el símbolo cuando su identidad se revele y se exprese colectivamente. Porque cuando eso ocurra, para que pueda rugir esa Leona interna, con plena convicción y libertad, debe estar su símbolo impreso en esa tan ansiada remera de juego. Será muy importante, en pocos días la Leona llegará hasta su piel, su último estadio previo a la camiseta.

—Tienes razón, pensemos —dijeron al unísono Nelly y Gaby.

De repente, el entrenador exclamó un nombre:

—¡Margarita, Margarita Manes!, ella es artista y comprenderá lo que queremos, hablaré con Marcela (esposa del entrenador y hermana de Margarita) para saber si es posible. De ser así, le pediremos que comience a dibujar una leona.

—Nos parece bien, llévale el espíritu de las jugadoras y veamos qué nace en las manos de Margarita.

—Lo haré.

—Hasta mañana equipo.

PARTE 13

Identidad de Leonas

Esa misma tarde el entrenador se lo comunicó a Marcela y enseguida llamó a Margarita para explicarle todo lo que necesitaban. ¿De qué se trataría? Del dibujo de una leona que pudiera ser estampado, impreso en una remera, una auténtica Leona que transmitiera garra, desafío.

—Es algo muy importante Margarita, trascendental, ¿puedes ayudarnos? —dijo el entrenador.

—Sí por supuesto, lo intentaré, a ver… ¿para cuándo lo necesitas? —preguntó inmediatamente.

—Para mañana si puedes.

—¿Para mañana?

—Sí Margarita, por favor.

Sin dudarlo y con una generosidad emocionante emprendió el desafío.

A la mañana siguiente ya tenía a la Leona. Le

comunicó al entrenador que esa misma tarde, luego de concluido el entrenamiento, podía acercarse a su estudio para ver qué le parecía el diseño.

Ese día, luego de finalizado el entrenamiento, las jugadoras le pidieron al cuerpo técnico completo una reunión. Con todo gusto ellos aceptaron, era la primera vez que las jugadoras convocaban por sí mismas una reunión con el cuerpo técnico, siempre era al revés. Se dirigieron a la sala de Nelly y, sin preámbulos, expresaron la necesidad de tener un símbolo que las representara, y ese símbolo era "una Leona". No solo eso sino que también les comunicaron lo que significaba tenerla en su remera para ellas.

El cuerpo técnico apoyó su deseo y les aseguró que tratarían este tema con la dirigencia para su realización. También les dijo que ellas mismas podían pensar cómo se imaginaban que sería el símbolo que llevarían en sus remeras. Las jugadoras quedaron muy contentas e ilusionadas. Luego de un rato de compartir emociones, se fueron retirando.

Cuando ya solo el cuerpo técnico quedó en la sala: Nelly, Gabriel, Luis Bruno y el entrenador (ya que Luis Jorge, el head coach, y Claudia Medici, la jefa de equipo, tuvieron que solucionar algunos temas para el equipo en el Comité Olímpico), todos celebraron el crucial momento vivido. Las referentes del equipo habían hecho su trabajo, en menos de 24 hs habían movilizado a su equipo.

Fue en ese momento donde el entrenador compartió

con su equipo técnico la noticia de que "la Leona" ya estaba dibujada y que esa misma tarde iría a lo de Margarita para que se la enseñara. La emoción crecía a cada momento. Los planetas parecían alinearse; el entusiasmo era muy grande y el convencimiento era cada vez mayor hasta que llegó el momento de retirarse, cada uno a sus otras actividades.

El entrenador emprendió viaje hacia Villa Celina (Provincia de Buenos Aires) donde lo estaría esperando Margarita con la Leona lista para ser observada. Luego de 35 minutos de viaje el momento había llegado, pudo advertir finalmente, con perplejidad, el trabajo inmenso que Margarita había realizado.

Era un dibujo precioso de una Leona tan especial como convincente.

Margarita preguntó si era eso lo que buscaban y sugirió que sería muy bueno que las jugadoras pudieran verlo; les dijo que si necesitaban modificarlo, no dudaran en avisarle. Ella le entregó una muestra en la computadora y otra muestra impresa. El entrenador abrazó a su cuñada con una emoción que embargaba todo su ser, y se retiró emocionado y con una valija de sueños en su mente.

Al otro día, luego del entrenamiento, el entrenador le mostró al cuerpo técnico "la Leona". Sus colegas no pudieron contener la emoción al ver que era realmente linda.

—¿Qué hacemos ahora? —se preguntaron.

Luego de pensar por un instante, consideraron que era mejor esperar unos días y ver si aparecía un logo traído por alguna de las jugadoras del equipo. De ser así, esta quedaría guardada.

—¿Y si los días pasan y eso no ocurre? —preguntó Gabriel.

—Es cierto, ¿qué haremos? —dijo Nelly.

Todos coincidieron en la decisión de que si en unos días no tenían noticia alguna, reunirían al grupo y le mostrarían la Leona ya que, como habían acordado en la última reunión con las jugadoras, aquel que pudiera conseguir el símbolo se lo traería al grupo.

Pasaron más de siete días y fue entonces que el cuerpo técnico decidió mostrarles el diseño a las jugadoras. Nuevamente se reunieron en la sala de Nelly, y fue en ese preciso momento que le anunciaron al grupo lo siguiente:

—Chicas, aquí les traemos el boceto de una Leona que fue dibujada por una artista con mucho cariño para ustedes.

Al mostrárselas se produjo una gran exclamación y la aceptación fue unánime. Al grupo le gustó mucho. Inmediatamente el entrenador les dijo que la persona que la había realizado le encomendó que ellas la vieran y pudieran darle su aporte, su espíritu, su impronta porque esta leona era solo la base para construir la Leona interna de ellas. Además la artista había ofrecido su ayuda para lo que necesitaran.

Tras un momento de silencio, pensamiento y reflexión, las miradas de algunas de las jugadoras se dirigieron hacia una compañera. Unos segundos después, con voz tenue pero convincente, Inés dijo:

—Yo puedo darles mi aporte, si quieren.

—Claro que sí, Inés —respondieron sus compañeras y el cuerpo técnico, y la aplaudieron en señal de apoyo.

Inés Arrondo, además de ser una jugadora que llegó a la Selección Argentina por tremenda convicción y esfuerzo cuando un día decidió dejar su querida ciudad de Mar del Plata, para aventurarse hacia su sueño con nada más que una mochila en su espalda que albergaba coraje y deseo, era una *artista por vocación.*

El entusiasmo que había en esa sala era inconmensurable, la Leona estaba cada vez más cerca y más dentro de ellas.

Al retirarse las chicas, Inés se quedó con el cuerpo técnico con quienes combinaron un encuentro. Ese mismo día, el entrenador la llevó a la casa de Margarita y ambas comenzaron a trabajar juntas. A partir de entonces, Inés y Margarita se avocaron en *cuerpo y alma* al logo y en pocos días la sorpresa llegó. El equipo ya tenía a su Leona con sello propio, con espíritu interno, con la impronta femenina y combativa que Inés le había incorporado a este animal. Fue un momento mágico, pleno de emoción. El boceto final estaba listo y el viaje se aproximaba cada vez más. Estaban a solo cuatro días.

Esa misma tarde, el cuerpo técnico se comunicó con Claudia Médici, jefa del equipo de la Selección, para pedirle que les enviara en forma urgente las remeras que usarían las jugadoras en la competencia olímpica para

poder flockearle un logo, el de Las Leonas que recientemente había sido creado.

Al cabo de dos horas, con voz muy angustiada, Claudia les avisó que eso no sería posible. Nada podía ser agregado en la remera olímpica que no hubiera sido previamente autorizado por disposición reglamentaria del Comité Olímpico Internacional. El cuerpo técnico no lo podía creer. Tuvieron en carne propia la misma sensación como si un camión hubiera pasado por encima de sus cuerpos. Desazón, bronca, incredulidad eran los sentimientos que inundaban sus almas y todo su ser, en ese momento.

—Lo haremos igual, como sea Claudia, pero lo haremos. No podemos no hacerlo, la Leona irá a los Juegos Olímpicos. Por favor, hablemos con quien sea, golpeemos la puerta que sea, tienen que comprendernos, ¡por favor!

Pobre Claudia, lo que tuvo que soportar del otro lado del teléfono, esto es solo un resumen de lo hablado sin poner de manifiesto el contenido completo de la conversación. La indignación era total.

Esa misma noche, el entrenador recibió una llamada de parte de Claudia que, con esa calma tan especial que tiene sumada a una humildad y una generosidad sin límites, le dijo:

—Tranquilo, Entrenador, algo podremos hacer, no será sencillo pero lo intentaremos. Ya tengo en mi poder las 16 remeras.

—¡Vamos Claudita! —respondió el entrenador.

—El problema es que no tienen número.

—Pero se los podemos poner, ¿no?

—Sí, mañana lo haré.

—También debo decirte que estas remeras no están autorizadas y nadie se puede enterar de que las tenemos.

—Así será, pero… podremos usarlas en el torneo, ¿no es cierto?

—En realidad, no.

—¿Cómo que no?

—Es un tema complicado, pero por ahora no pensemos en eso, sigan su camino y hagan lo que tienen pensado con las remeras que les daré. Ya se nos ocurrirá algo cuando llegue el momento.

—Así me gusta oírte, Claudita —concluyó el entrenador.

A la mañana siguiente, cuando faltaban solo tres días para viajar, el equipo entrenó de una manera formidable, la energía que irradiaba esa cancha de hockey era maravillosa.

Durante toda la tarde la comunicación con Claudia fue constante. Al caer el día, llegó la noticia de que las 16 remeras ya estaban flockeadas con sus números y listas para ser entregadas el día siguiente en el entrenamiento.

Cuando a las 7.30 hs llegó el cuerpo técnico a la cancha, Claudia ya estaba esperándolos con una bolsa y las remeras que marcarían un nuevo comienzo en la historia de las jugadoras y del seleccionado. Las guardaron en un cuartito y luego se concentraron inmediatamente en el último entrenamiento antes del inminente viaje. Al llegar las jugadoras, comenzó el último entrenamiento previo al viaje. Este volvió a ser una fiesta de disfrute, entrega y aprendizaje.

Al final, y luego de unas palabras emotivas por parte del cuerpo técnico que recordaban el camino recorrido y anunciaban el que tenían por delante, las invitaron a retirar los bolsos con la ropa que llevarían al Juego Olímpico. Claudia, la jefa de equipo, les entregó toda la ropa de juego tradicional, ropa de tiempo libre, calzado, etc. Siempre la entrega de la vestimenta de la Selección era para las jugadoras un momento especial y significativo que esperaban y disfrutaban.

El cuerpo técnico se quedó con las 16 remeras que serían flockeadas con el logo de la Leona. Se despidió a las jugadoras hasta el día siguiente cuando se encontrarían directamente en el aeropuerto para viajar a Nueva Zelanda, gira previa antes de Sydney donde competirían en los tan soñados Juegos Olímpicos. Quedaba entonces el último gran desafío antes del viaje: lograr flockear las remeras en menos de 24 hs…

El entrenador había averiguado por todos lados dónde se podía hacer en tan poco tiempo, y el único lugar que le habían recomendado era el negocio de Oscar, en la Galería Jardín de la Calle Florida, en la Ciudad de Buenos Aires. Luego de despedir a su cuerpo técnico, salió tan rápido como pudo hacia allí. Cuando por fin llegó al negocio, le mostró al hijo de Oscar el calco de la Leona y las remeras y le explicó que necesitaban que ellos estamparan ese logo en todas las camisetas.

El encargado del negocio observó el logo y le pidió algo así como la matriz realizada en la computadora, ante lo cual el entrenador se sorprendió y no supo qué responder. Le preguntó para cuándo lo necesitaban, ya que tenían mucha demora en las entregas.

El entrenador dijo: "¡Para hoy!, mañana a primera hora de la tarde estaré viajando rumbo a los Juegos Olímpicos y debo sí o sí flockear esta Leona.

—¡¿Cómo?! —dijo el encargado, con sorpresa.

—Imposible, no hay ninguna posibilidad, olvídelo.

El entrenador no podía creer estar escuchando estas palabras y entró en crisis, le suplicó:

—Por favor, de este flockeado depende en gran parte que la Selección Femenina pueda ser podio olímpico… de que ustedes puedan hacer el trabajo depende que esta jugadoras se conviertan en Leonas. No me puede fallar, ¡por favor, entiéndame, tenga fe en lo que le digo!

El hijo de Oscar no podía creer el momento que estaba viviendo, tenía un montón de cosas por hacer y allí estaba escuchando a un loco que le pedía un imposible en cuestión de tiempo, y que además ni siquiera tenía la matriz. "¿Cómo me puede estar pasando esto?", habrá pensado este pobre hombre.

Hubo unos cinco minutos de silencio durante los cuales el entrenador esperaba desesperadamente una señal positiva, mientras que el hijo de Oscar solo deseaba que este soñador se fuera. Pero de repente, un arrebato impensado del vendedor volvió a encender el sueño.

—A ver, deme eso —dijo en referencia al logo— las remeras también y llámeme a la noche.

—¿Lo podrán hacer? —quiso saber el entrenador con sus ojos iluminados por la esperanza que sentía en su corazón, en su alma.

—No sé, no le prometo nada, lo intentaré, deme su teléfono y lo llamaré a última hora.

—Me quedo esperando, si quiere —agregó el entrenador.

—No, por favor, vaya a hacer sus cosas, yo lo llamaré.

El entrenador no volvió a Núñez donde vivía, se quedó en un café de la Calle Florida, esperando, soñando, planificando... rezando.

Alrededor de las 19.30 hs, el dueño del negocio por fin lo llamó y le dijo que sería posible hacerlo con un determinado método que no era el más ortodoxo, pero quedaría bien y el flockeado no se saldría. El entrenador le preguntó a qué hora podía pasar a retirar las remeras, a lo que el hijo de Oscar contestó:

—Mañana después de las 10.30 hs.

—Pero cómo, ¿no puede ser hoy? Por favor, mañana viajamos y tengo que estar a las 14.00 hs en el aeropuerto.

—Antes es imposible, tendrá que venir con la valija entonces.

El entrenador emprendió el regreso a su casa con un nivel de ansiedad extrema, pero con la confianza de que, fuera como fuera, estarían listas. Al llegar a su casa, su esposa lo estaba esperando con una rica comida y con más ansiedad que él por saber si el trabajo había podido realizarse.

Ella pudo advertir que su marido estaba pasado de revoluciones, solo esperaba que ya fuese la mañana siguiente para ir a retirar las tan ansiadas remeras flockeadas. Se quedó despierto hasta largas horas de la noche, su esposa lo acompañó y lo ayudó a armar la valija que, como podrán imaginarse frente a tanta tensión, quedó hecha a medias. Por fin amaneció. Firme, a las ocho de la mañana, el entrenador dejó su casa en un taxi rumbo a la Calle Florida. A las 8.45 hs ya se encontraba esperando en un café de la cuadra. El tiempo parecía avanzar más lentamente que nunca.

Cuando por fin fueron las 10.30 hs, estaba en la puerta del negocio con el corazón palpitando fuerte.

Al entrar, observó sobre el mostrador una pila de remeras muy bien dobladas y al hijo de Oscar que estaba trabajando en otra, justo cuando pegaba el logo… ¡era la última!

El vendedor mostraba un rostro de cansancio pero también de felicidad interna por haberlo logrado; le presentó las remeras, una por una, para que viera cómo habían quedado. El entrenador no pudo contener su emoción y explotó en llanto. Su cuerpo temblaba. Le agradeció al hijo de Oscar de todas las maneras posibles y, por último, se fundió en un abrazo con él.

Luego de pagar y agradecer nuevamente, salió disparado ya que eran las 10.45 hs y tenía solo 45 minutos para llegar a su casa y ¡terminar de armar la valija!

Apenas salió de la galería, dio unos pasos hacia la izquierda para buscar la esquina donde tomar un taxi y algo lo hizo detenerse. De repente, su mirada se clavó en una vidriera que exhibía unas remeritas sin mangas, muy femeninas, y sin darse cuenta ya estaba dentro de la tienda. Al acercarse la vendedora, sin dudar un instante, le explicó que necesitaba dieciséis remeras del mismo color en tres talles diferentes y señaló la de la vidriera. Le pidió por favor que se apurara porque perdería su vuelo.

La vendedora sorprendida se fijó y le dijo:

—Es imposible venderle dieciséis remeras del mismo color en ese modelo, solo tengo ocho, pero puedo ofrecerle otros colores en el mismo modelo.

—Claro que sí —dijo el entrenador—, deme siete pequeñas, seis medianas y tres grandes.

Apenas la vendedora trajo las dieciséis remeras, él se dirigió a la caja para pagar pero volvió al mostrador y le dijo:

—Por favor, necesito tres medianas más de ese color ocre.

Lo más rápido que pudo la mujer se las trajo, el entrenador pagó y salió corriendo del negocio.

Sin darse cuenta ni tomar conciencia de por qué las había comprado, su cuerpo y su espíritu lo dirigieron nuevamente al negocio de Oscar. Cuando el vendedor lo vio quedó atónito, ya habían pasado quince minutos desde que se había ido y no esperaba volverlo a ver tan pronto...

—Las remeras se las llevó todas, no quedó nada aquí, ¿que pasó? —le preguntó.

—Por favor, debe flockearme estas diecinueve remeras más con el logo de la Leona.

—¡¿Cómo, qué es esto?!

—No sé, pero siento que deben ser flockeadas, por algo las compré… algo muy fuerte me impulsó a hacerlo.

El empleado no pudo disimular su cara de incredulidad y de asombro. Sin saber cómo ni por qué, en menos de un minuto tomó las remeras y las empezó a flockear. En 40 minutos terminó su tarea, miró al entrenador y le preguntó:

—Fue la última, ¿no? Espero que no haya más sorpresas…

Y luego exclamó:

—¡Toda la suerte del mundo!

Se quedó perplejo mientras observó al entrenador retirarse corriendo. Eran las 12.45 hs y tenía que estar a las 14.00 hs en el Aeropuerto de Ezeiza. Todavía le quedaban 45 minutos para llegar a su casa.

Llegó a la una y media del mediodía, su esposa ya había terminado de armarle la valija. El entrenador le dio un abrazo inmenso y le dijo:

—Marce, tengo las remeras flockeadas.

A las 13.50 hs ya estaban en el taxi y cuando, por fin, tuvieron un espacio de tranquilidad para relajarse, el entrenador le contó a su esposa todo lo acontecido. Al llegar al final del relato, se dio cuenta de que había algo sobre lo que todavía no era consciente de por qué lo había hecho: la compra y el flockeado de las diecinueve remeritas sin mangas…

Cuando su esposa las vio, quedó cautivada:

—Estas remeras fueron el motivo de tu retraso final, ¡y la verdad es que son preciosas!

Él agradeció el cumplido pero en su interior seguía pensando qué fue lo que lo había motivado a comprarlas.

Llegaron al aeropuerto a las 15.00 hs, una hora más tarde de lo previsto. El equipo completo ya había despachado las valijas y estaban esperando para embarcar, aun no lo habían hecho en espera de su entrenador. Tanto las jugadoras como sus padres ignoraban el verdadero motivo del retraso. Solo conocían el motivo los integrantes del cuerpo técnico. A pesar de ello, para no quebrar las normas de puntualidad que era un factor común e importante para el grupo, el cuerpo técnico fingió estar descontento por la tardanza. Es así como el entrenador tuvo que recibir un llamado de atención público por parte de la jefa de equipo.

Luego de despachar la valija, le contó al oído a su cuerpo técnico que ya tenía las remeras, las cuales no fueron despachadas sino que se encontraban en su bolso de mano (no quería correr ningún riesgo de pérdida ni robo, ¡eran las únicas!).

Ahora sí, con todo el equipo completo, las jugadoras se despidieron de sus familiares y embarcaron rumbo a su sueño olímpico.

Después de un largo viaje, finalmente llegaron a Auckland, Nueva Zelanda. Una vez en el hotel, el equipo se acomodó en las habitaciones y, como era la costumbre en cada viaje, se cambiaron de ropa rápidamente y se encontraron en el hall con el preparador físico para hacer un trabajo regenerativo. Al terminar, el equipo

tuvo tiempo de asearse y prepararse para el tan ansiado almuerzo.

Ese día, la cancha de entrenamiento no estaba disponible, por tal motivo el cuerpo técnico planificó que el equipo pudiera realizar una visita por la ciudad y así evitar que el sueño tentara a las chicas a dormir, ya que la diferencia horaria entre Buenos Aires y Auckland demandaba el estirar al máximo esa posibilidad por lo menos hasta las ocho de la noche. Así fue como las chicas realizaron un paseo por el centro de la ciudad, acompañadas por Claudia y el kinesiólogo Sergio Lemos.

Mientras tanto, el entrenador llevó al cuarto de reunión las remeras flockeadas. Al verlas, todo el cuerpo técnico quedó conmocionado, no solo por su belleza estética sino por lo que transmitía y por su futuro significado. En ese mismo momento, todos los integrantes imaginaron a las chicas saliendo a rugir a la cancha con esas remeras. Pero de repente, el entrenador abrió un debate:

—¿Cuándo y cómo les parece que las remeras tendrían que salir al juego?

Su cuerpo técnico quiso conocer el porqué de esa pregunta. El entrenador explicó por qué la remera no debía entrar en el juego en cualquier momento, era algo muy especial que poseía un espíritu muy profundo.

Nelly, entonces, sacó un papel en el que tenía escrita la analogía entre una leona y el equipo:

Las leonas usan sus garras para defender a sus crías así como las jugadoras sacan sus garras para defender su objetivo.

Las leonas están siempre unidas ante el peligro y cuidan a cada integrante de su manada así como las jugadoras se unieron en búsqueda de un objetivo común y aprendieron a valorarse y defenderse, supieron hacer de la Selección una familia.

Las leonas, ante la adversidad, sacan todo su valor y su instinto de supervivencia así como las jugadoras, ante la presión, se potencian exhibiendo todo su coraje.

Las leonas salen a cazar la presa para alimentar a sus crías así como las jugadoras quieren salir a cazar a "su presa" para alimentar su tan ansiado sueño.

—¡Qué bueno Nelly!, se nos puso la piel de gallina. Ahora sí puedo comprender por qué las remeras sin manga con la Leona serán sumamente importantes. A ver si puedo explicar lo que siento: *la leona sale a cazar la presa solo para alimentar a sus crías, la remera del juego solo sale a la cancha para conquistar la presa, el podio.*

Esta remera no puede cubrir, vestir cualquier momento, cualquier partido, aunque sea un juego olímpico. Para ser vestida tiene que provocarse esa situación tan especial, esa circunstancia, ¿no les parece?

—Es interesante, continúa Entrenador —dijo Nelly.

—La Leona como símbolo tiene que hacerse carne en los cuerpos y en las mentes de las jugadoras, tiene que

vibrar en sus espíritus y ese proceso seguramente llevará un tiempo. La otra remera, la del tiempo libre, que hasta este instante no sabía por qué me había surgido la necesidad de comprarla y estamparla, será la antesala, será la que abrirá la compuerta interna.

V: ¡Claro, ahora comprendo! Fue un impulso, un instinto. ¿Acaso tuvo que ver con un pensamiento visionario, con un anhelo? Sea cual fuere la razón por la que fueron compradas, fue una acción espontánea y probablemente tenga algo que ver con tener una *visión clara* que nos lleva hacia adelante y nos empuja hacia arriba. Una visión siempre nos hace creativos y nos motiva a hacer cosas como esta, porque sí, porque nos parece, porque lo sentimos. Aunque no haya tiempo, aunque parezca una locura…

—¡Así es!, para que la Leona interna se descubra y aflore en ellas —dijeron al unísono Nelly, Gabriel y Luis.

En ese mismo momento Nelly tomó un lápiz y un papel y, entre todos, escribieron una carta que decía más o menos así:

Queridas Chicas:

Aquí tienen dos remeras muy especiales, una es una remera de la Leona de tiempo libre, que pueden usar cuando ustedes lo deseen.

La otra es la remera de la Leona de juego, que solo puede ser usada en el momento en que decidan conquistar la presea.

Luego de escribir esta carta, a Nelly se le ocurrió ir a comprar unas bolsas y un lindo papel de regalo para envolver las remeras. Una vez conseguido todo, trabajaron en el envoltorio para que cada jugadora tuviera una bolsa con dos regalos adentro: las dos remeras con la Leona. Una vez finalizada la tarea, pensaron en la forma de realizar la entrega y consideraron que iba a ser muy lindo para ellas si al volver del paseo se encontraban con el regalo en sus propias habitaciones.

Inmediatamente se dirigieron al conserje del hotel y le pidieron autorización para entrar en los cuartos de sus dirigidas y así llevar adelante la sorpresa. El conserje les proporcionó las llaves y, emocionados, se distribuyeron la tarea de llevar los regalos a cada habitación, dejándolos sobre la cama de cada jugadora. Cada bolsa tenía un sobre con un nombre y una carta adentro. Terminaron de distribuir todas las bolsas con los regalos y las cartas justo cinco minutos antes de que el equipo regresara.

Las jugadoras se dirigieron a su habitación, mientras el cuerpo técnico estaba reunido en la habitación del entrenador. No habían pasado ni cinco minutos cuando de repente comenzaron a escucharse gritos en los pasillos. El equipo técnico esperó un rato y luego, todos juntos, salieron de la habitación.

Para su sorpresa, las chicas estaban saltando y abrazándose unas con otras en el hall, justo al lado de los ascensores. Todas tenían una remera puesta, la de tiempo libre, y era increíble ver la emoción que sentían.

En ese momento, todos los integrantes del cuerpo técnico se miraron y parecieron sentir lo mismo. La Leona significaba mucho más que un lindo logo para la remera, mucho más que un símbolo. *La Leona ya comenzaba a ser un latido interno, genuino y voraz.*

PARTE 14

Alta competencia

Media hora más tarde todo el equipo se encontraba cenando en el hotel y era fantástico ver a las jugadoras charlando y comentando lo sucedido. ¡Cuántas compuertas del alma se empezaban a abrir sutil y armoniosamente!

Los días que siguieron fueron muy fructíferos para el equipo, se jugaron fabulosos test matches con el poderoso Seleccionado de Nueva Zelanda y no solo eso, sino que además el equipo entrenó mucho en la parte física, técnica y mental aprovechando que, por primera vez, la psicóloga del equipo —Nelly Giscafré— había sido autorizada a viajar.

Así fue como llegaron al último día en Nueva Zelanda y, junto con el sueño, se trasladarían a la parada final: Sydney 2000; el Juego Olímpico del nuevo siglo las estaba esperando.

La partida fue un momento sumamente emotivo, ya que una de los pilares fundamentales para el equipo se despidió rumbo a Buenos Aires después de haber realizado un trabajo excepcional con ellas. Les había dado alas mentales para volar, además de toda su generosidad.

Las plazas para el Juego Olímpico eran limitadísimas en ese entonces, por esa razón Nelly debió regresar. Su pasaje a Nueva Zelanda lo había pagado ella misma porque su amor por el equipo y la causa era mucho más fuerte que lo material.

La llegada a Sidney, a la Villa Olímpica, el primer encuentro con el campo de juego, los entrenamientos de puesta a punto final… todo fue absolutamente mágico.

Y comenzó el Juego Olímpico con la ceremonia inaugural, un momento muy especial para los deportistas, donde la antorcha olímpica enciende los corazones y abraza con su calor el desafío a lograr.

Pero este equipo no pudo vivir ese momento ya que debutaba al día siguiente, a primera hora de la mañana, contra Corea del Sur. Ir a la ceremonia inaugural significaba poner en riesgo el descanso previo a la competencia, además de no llegar a cumplir con las horas necesarias de sueño, para estar en condiciones de competir con reales posibilidades de ganar. Este tema había sido hablado y debatido en Buenos Aires, y luego fue abordado específicamente y resuelto en Nueva Zelanda. El cuerpo técnico y las jugadoras estaban convencidos de que debía ser así. *Todo se puede planificar, preparar con antelación y tener bajo control, pero hay algo que no*

podemos saber nunca hasta que sucede: las emociones que surgirán.

Y a pesar del convencimiento de todo el equipo de la decisión que habían tomado de no ir a la ceremonia, fue muy doloroso ver a toda la delegación de deportistas argentinos, al igual que a cada uno de los deportistas de los diferentes países, retirándose eufóricos y felices de la Villa Olímpica con sus vestimentas particulares que representaban su cultura.

Luego de la despedida y cuando las siluetas ya casi no se distinguían, una inmensa soledad inundó sus almas. Hasta que, de repente, una voz irrumpió (la del preparador físico Luis Bruno Barrionuevo) diciendo: "Chicas, quizás en este Juego Olímpico no nos toque disfrutar la fiesta inaugural pero puede ser que por primera vez en la historia podamos disfrutar la fiesta de cierre de una manera especial". Esas palabras iluminaron los rostros y encendieron un sueño silencioso y profundo. De a poco, el equipo se fue retirando y dirigiéndose cada grupo a sus casitas.

Una hora más tarde, el cuerpo técnico dio su charla técnica-conceptual para el partido, además de informar la formación inicial al equipo.

Más tarde, todos juntos fueron a cenar a un comedor por primera vez casi vacío de gente y de posibilidades gastronómicas. De regreso a las habitaciones se escuchaban los sonidos, la música y los festejos de la gente. Todos juntos se sentaron, por un largo rato, en un parque que

había detrás de las casitas con vista directa al estadio. Y luego se fueron a dormir, o al menos intentar hacerlo. Les costó muchísimo conciliar el sueño y la mayoría recién se pudo dormir cuando ya habían vuelto a la villa los deportistas de la fiesta.

Las horas de sueño buscadas para las jugadoras no se cumplieron, pero sin duda lograron descansar ya que de haber ido a la ceremonia, sus piernas no habrían estado en condiciones de tener un buen rendimiento al otro día. Toda la previa de la fiesta inaugural demandaba más de tres horas de pie, dos horas de fiesta y una hora más de caminata de vuelta a las habitaciones.

Cuando el día se abrió, estaba a punto de dar comienzo el Juego Olímpico para el hockey. El torneo en esta ocasión tenía diez equipos participantes, dos más que en Atlanta 2006, divididos en dos zonas de cinco.

En el Grupo A estaban Argentina, Australia, Corea del Sur, España y Gran Bretaña.

En el grupo B estaban Alemania, China, Holanda, Nueva Zelanda y Sudáfrica.

Los primeros tres clasificados de cada grupo clasificarían para la segunda fase, donde jugarían con los otros tres equipos del otro pool, arrastrando los puntos conseguidos en su grupo sin volver a enfrentarse con los equipos de su zona. Al término de estos partidos, entre los seis clasificados, los dos equipos que tuvieran más puntos disputarían la final por el oro. Y los terceros y cuartos en puntos disputarían el bronce.

El momento tan esperado finalmente llegó. El 16 de septiembre a las 8.30 hs, en el Sydney Olympic Park, la Selección Argentina Femenina debutó y triunfó ante Corea. Fue un partido durísimo y un triunfo justo, 3-2 con goles de la capitana Karina Masotta, la maga Luciana Aymar y la incansable luchadora Jorgelina Rimoldi. El equipo jugó con el alma y se llevó tres puntos y una sonrisa dibujada en sus rostros cansados, que poco a poco dejaban en el pasado la noche de angustia vivida para darle lugar a una fiesta especial, la más especial de todas, la del juego y el cumplimiento del sueño que viene detrás.

Esfuerzo, inteligencia y convicción fueron los pilares de este inicio. El próximo partido sería en dos días con el siempre difícil equipo de Gran Bretaña.

Después del partido, el equipo almorzó y durmió la siesta más profunda y relajada de los últimos tiempos.

El 18 de septiembre en el turno de las 18.30 hs, la Selección Argentina resolvió con autoridad el partido contra Gran Bretaña y lo ganó 1-0 luego de una actuación sólida y convincente. Seis puntos en dos presentaciones entreabrían la puerta a la segunda instancia.

Al día siguiente el equipo entrenó por la mañana. A la tarde, las jugadoras descansaron e hicieron trabajos regenerativos con el preparador físico Luis Bruno Barrionuevo, y de recuperación con el doctor Francisco D'Angelo y el fisioterapeuta Sergio Lemos. Mientras tanto, el entrenador y el asistente Gabriel fueron al estadio para observar y analizar el partido que jugarían Australia y España. Ante el asombro general, España le empató al gran candidato, lo que dejaba al equipo argentino en la primera posición en su grupo. Sería Argentina quién jugaría al día siguiente con la mismísima Australia en el último turno del día, a las 20.30 hs.

Si en la mañana de ese día en el primer turno de enfrentamientos, que sería a las 10.30 hs, Corea del Sur y Gran Bretaña empataban, el equipo argentino ya estaría clasificado para la segunda fase, arrastrando además seis preciosos puntos. Y el resultado se dio, Gran Bretaña y Corea del Sur empataron 2-2.

En el búnker argentino la felicidad fue inmensa cuando se supo la noticia, justo en el momento del almuerzo previo al partido.

El primer paso estaba dado y asegurado pero el equipo argentino quería más, en pocas horas se jugaría el tercer encuentro del grupo frente al número uno del ranking, bicampeón mundial y último campeón olímpico: Australia.

Era un encuentro muy difícil para este seleccionado porque todavía no había podido vencer a las poderosas australianas en torneos oficiales, pero encaraba cada nuevo partido contra ellas con nuevas armas y con la convicción de que en algún momento podrían lograrlo.

El entrenador y el asistente, luego del almuerzo, mientras las jugadoras se aprestaban para tomar una pequeña siesta, partieron antes hacia el estadio de hockey a presenciar y analizar el partido del otro pool que jugarían Nueva Zelanda y Holanda, ambos posibles candidatos a enfrentar en la segunda fase.

Para alegría del equipo argentino, el pool B estaba muy parejo y se estaban sacando puntos entre todos, lo que ocasionaría que ningún equipo llegase a sumar, como máximo, más de siete puntos. Esto dejaba a Argentina en una posición inmejorable, ya que no solo ya tenía seis puntos asegurados sino que, además, le restaban seis puntos por disputar. Y un detalle más a considerar: tanto Alemania como Holanda estaban en problemas ya que China y Nueva Zelanda estaban a punto de clasificar, provocando que una de las dos potencias mencionadas quedasen afuera de la segunda fase.

De hecho, si en el partido a jugarse esa misma tarde previo al partido entre Argentina y Australia, que sería observado por el cuerpo técnico de la selección argentina, Holanda no lograba ganarle a Nueva Zelanda quedaría eliminado, ya que en los partidos previos había sido derrotado por China y solo había podido empatar con Sudáfrica, almacenando un solo punto. Increíble pero real, el último campeón del Champions Trophy y número dos en el ranking mundial estaba al borde de la eliminación.

Mientras ambos integrantes del cuerpo técnico observaban este dramático encuentro, dos asientos más abajo se encontraban haciendo lo mismo los integrantes del cuerpo técnico español comandados por su coach, Marc Lammers. En un determinado momento empezaron a sacar cuentas y a hablar en voz un poco más alta, lo que permitió a los entrenadores argentinos escuchar lo siguiente de boca de Marc Lammers: "Si hoy Argentina pierde con Australia y nosotros mañana le ganamos, estaremos clasificados y arrastraremos cuatro puntos a la segunda fase, igual que las australianas, dejando a las argentinas con 0 puntos. Si empatamos con Argentina, tendremos que ganarle sí o sí a Gran Bretaña y arrastraremos solo 2 puntos. En caso de perder con Argentina, solo nos queda ganar con Gran Bretaña y esperar que Corea no le gane a Australia, de ese modo no dependeríamos de los goles.

No era la intención de los entrenadores argentinos escuchar la conversación del cuerpo técnico español, pero el análisis los sorprendió por lo erróneo que resultaba. ¿Cómo podía ser posible que si Argentina tenía seis puntos, quedara con cero o arrastrara solo uno a la segunda ronda? Estuvieron a punto de intervenir en el diálogo y marcarles el error, pero no lo hicieron por dos motivos: primero, porque no correspondía meterse en una conversación ajena y segundo, porque España era el próximo rival al día siguiente.

El partido entre Holanda y Nueva Zelanda fue un encuentro no apto para cardíacos, la Naranja se impuso 4-3 agónicamente lo cual le permitió poder sacarse un rato el respirador. Solo por el momento, ya que en dos días se jugarían la clasificación con su archirrival Alemania, al todo o nada.

Todos estos resultados eran muy favorables para Argentina pero, tanto jugadoras como cuerpo técnico, sabían que el resultado más importante y el único que abre las puertas reales del recinto de los sueños es el propio.

Una vez finalizado el partido entre Holanda y Nueva Zelanda, el entrenador y el asistente se dirigieron hacia el vestuario argentino donde las jugadoras, que habían llegado al estadio con el resto del cuerpo técnico, los esperaban para recibir la charla final previa al encuentro. Ellas ya se habían enterado del resultado del partido anterior, además habían podido ver los últimos quince minutos de este mientras esperaban ser llamadas por el PF a la entrada en calor. Ya todas estaban enfocadas en el próximo desafío y hambrientas de un triunfo ante el equipo australiano que se les venía negando desde siempre.

A las 20.30 hs comenzó el encuentro y, a pesar del gran esfuerzo realizado por el equipo argentino, las australianas se impusieron con justicia, por tres tantos contra uno.

Luego del encuentro y de la rutina posterior, que consistía en la conferencia de prensa a la que asistían el entrenador junto a dos jugadoras mientras las demás hacían baños de contraste con el cuerpo médico, jugadoras y cuerpo técnico se subieron a las combis para regresar rápidamente a la Villa Olímpica, ya que al día siguiente jugarían con España el último partido de la primera fase a las 10.30 hs.

Las caras de las jugadoras demostraban desilusión. Habían enfrentado el partido con la convicción de que, esta vez, podían poner en problemas reales a las australianas pero se habían chocado nuevamente con un muro gigante. A pesar de la sensación general reinante, en la cabeza de todo el equipo solo estaba el objetivo que habían venido a buscar a este Juego Olímpico, y de ninguna manera una derrota con la mejor selección del mundo las podía debilitar. Sentían que debían recuperarse pronto y buscar sumar tres puntos contra

España, lo cual le permitiría al equipo arrastrar a la segunda fase nada más y nada menos que nueve valiosos puntos.

Al entrenador y al asistente Gabriel algo los preocupaba en su subconsciente, durante el regreso a la Villa Olímpica, y no era precisamente el partido recién jugado con Australia. Más allá de la derrota (que probablemente golpeó a los técnicos argentinos quienes tenían la esperanza de jugar el partido con Australia con posibilidades de ganar o estar cerca de hacerlo), les hacía ruido la conversación del cuerpo técnico español que habían escuchado. Hablaron con tanta seguridad y entusiasmo, que empezaron a sembrar dudas en ambos técnicos argentinos; por más que le daban vueltas a la situación, no encontraban lógica en los números que habían manifestado los españoles.

Era la primera vez que se aplicaba en el hockey internacional esta modalidad de puntuación de arrastre de puntos. Era nueva para todos y los dirigentes les habían hecho saber el reglamento a los entrenadores argentinos, pero no se lo habían proporcionado nunca. Tanto es así que al llegar a la villa, mientras todas las jugadoras se dirigieron al comedor a cenar, el entrenador llamó a un costado a Claudia y le dijo:

—¿Dónde tienes el reglamento? Necesitamos saber en forma urgente si el reglamento que ustedes nos transmitieron es realmente así o hay un error. Argentina ya tiene seis puntos asegurados de arrastre, ¿no?

A lo cual Claudia contestó que sí.

—Entonces, ¿por qué los españoles piensan diferente?

—¿Qué españoles?

—Claudia, queremos pedirte un favor. Necesitamos ver el reglamento, ¿dónde lo tienes?

—En la habitación, vamos, pero quédense tranquilos.

Al llegar a la habitación de Claudia, el entrenador tomó el reglamento y nerviosamente comenzó a leer todo lo relacionado con el arrastre de puntos. Al minuto de comenzar la lectura, su cara comenzó a transfigurarse y exclamó:

—¡No puede ser, no puede ser, somos los más idiotas del mundo, no lo puedo creer!".

Incrédulos, Claudia, Gabriel y Luis Bruno intentaron calmarlo pero él les puso el reglamento en la cara y les mostró lo que decía: "Los tres equipos clasificados serán los que acumulen más puntos y arrastrarán los puntos que le hayan ganado solo a los equipos que con ellos clasifiquen".

Allí estaba la confusión, ahí se hallaba el problema argentino y la razón española. Los tres clasificados ya eran Australia, Argentina y España y quedaba una fecha por jugarse. Australia había empatado con España y le había ganado a la Argentina, por lo cual tenía asegurados y definidos cuatro puntos. España había empatado con Australia y le faltaba jugar con Argentina, con lo cual tenía asegurado un punto y podía alcanzar dos puntos con un empate, o cuatro si ganaba. Argentina había perdido con Australia y le faltaba jugar con España, tenía 0 punto hasta el momento y podía alcanzar uno si empataba, o tres si ganaba.

Al hacer el análisis, tanto el entrenador, el asistente, el preparador físico y aun Claudia no lo podían creer.

La desazón era total. Al leer el reglamento habían omitido el apartado que clarificaba esta última parte. Tras las disculpas y la angustia de Claudia, los tres salieron de la habitación y comenzaron una larga caminata sin rumbo, primero en un profundo silencio y luego el entrenador comenzó a pensar sus ideas en voz alta como una catarata:

—¿Cómo encaramos la situación ante un equipo que está convencido de que si mañana gana llegará con nueve preciosos puntos a la segunda fase y si empata con siete, y que está feliz pensando que en la otra zona el que más podría sumar llegaría a siete? ¿Cómo les parece que el equipo tomará esta noticia, después de haber entrenado tanto, de haber creído en el cuerpo técnico y de haberlo entregado todo? ¿Cómo van a digerir este error inexplicable? ¿Cómo les va a afectar esta situación en sus mentes, a horas de jugarse el partido final del grupo?

Será mejor estar tranquilos en este momento y que las chicas no adviertan nada raro. Esperemos a que termine el partido con España para comunicarles la mala noticia. Tendremos casi tres días antes del comienzo de la fase final para poder explicarles todo y que lo puedan digerir.

¡Pero no!, no corresponde, no podemos ocultar lo que al día siguiente luego del partido se sabrá. Imaginemos la conferencia de prensa, cuando se hable de proyección de posibilidades numéricas y las chicas que vayan a la conferencia comiencen a desasnarse sobre la realidad y queden expuestas al ridículo y a la desilusión.

¡No, no merecen eso! Pero es lo más apropiado, hacerlo de otra manera provocaría una conmoción previa y pondría en riesgo emocional el partido. El de mañana es un partido muy complicado. España es un rival de ave de rapiña, muy peligroso, que es capaz de ser superado durante el partido y aprovechar la única situación que tenga para convertirla en gol. Es un rival que requiere ser enfrentado con total tranquilidad, paciencia e inteligencia.

Luego de todas estas reflexiones en voz alta y mirando a Gabriel y a Luis Bruno, el entrenador dijo:

—¿Qué decisión tomamos? Debemos resolverlo antes de que se vayan a dormir.

Luego de un silencio profundo, casi al unísono, Gabriel, Luis Bruno y el entrenador dijeron:

—Debemos afrontar esta situación con la verdad y lo más rápido posible, aun a riesgo de que afecte lo emocional para el partido con España, no podríamos mirar a la cara a las jugadoras si hiciéramos otra cosa.

Fue así que decidieron reunir a las chicas antes de que se retiraran a dormir y les comunicaron lo sucedido. El entrenador les dijo que el sistema de puntuación que él les había transmitido no era el correcto, les explicó en qué situación numérica estaban en ese momento y les pidió disculpas por el error.

—Ustedes no se merecían este error de nuestra parte,

estamos avergonzados y nos duele en el alma. Pueden enojarse, decirnos lo que quieran en este momento, descargarse, lo que sea, lo entenderemos. Solo les pedimos que luego podamos dejar de lado este momento y encarar con más garra que nunca y con todo el amor que hay dentro de nosotros el desafío que vinimos a lograr.

Tras un momento de silencio intenso, se escuchó:

—¡Vamos, que mañana tenemos que ganarle a España para pasar con tres puntos, que no son pocos, solo uno menos que Australia!

Al cabo de unos segundos, cada uno de los integrantes fue saliendo de la sala en dirección a las habitaciones.

El partido con España se jugaría al día siguiente en el primer turno a las 10.30 hs; la charla técnica conceptual, por una cuestión de sentido común, no se realizaría esa misma noche como se acostumbraba a hacer los días que se jugaba temprano. Se haría al día siguiente y sería más corta, justo antes de salir al estadio olímpico; una vez en el vestuario, minutos antes de jugar, tendría lugar la charla final buscando mover las fibras competitivas.

A partir de ese momento, el entrenador le encomendó al cuerpo técnico y, sobre todo, al cuerpo médico estar atentos a todo lo que necesitara el grupo y observar el estado emocional que hubiera quedado luego de la noticia recibida.

Fue una noche difícil para el cuerpo técnico, les costó mucho conciliar el sueño, no podían creer lo que les había ocurrido. Habían planificado hasta el último

detalle técnico-físico-conceptual-mental y socio-afectivo; sin embargo, paradójicamente en este momento se encontraban inmersos en una situación no prevista producto de una torpeza impropia para un "equipo de alta competencia".

Luego de una noche tan larga como corta de descanso, el sol apareció destellante y desafiante en la mañana.

El entrenador, el asistente y el head coach desayunaron muy temprano y planificaron cada detalle. El preparador físico Luis Bruno, no pudo acompañarlos porque amaneció con fiebre muy alta.

El momento de la charla conceptual llegó y el cuerpo técnico advirtió una muy buena energía en las chicas que ya estaban enfocadas en el desafío de ganar los tres puntos contra España.

La hora de partir hacia el estadio llegó. El preparador físico, a pesar del esfuerzo que hizo por recuperarse, no pudo lograr controlar la fiebre altísima y por primera vez en un torneo no pudo ser de la partida.

El equipo tenía rutinas y roles muy bien distribuidos y definidos donde cada integrante aportaba algo único y especial. Luis Bruno, entre otras tantas cosas, era un integrante muy importante el día del partido por toda la mística que transmitía en la entrada en calor previa al encuentro.

Gabriel era un observador fundamental desde su visión periférica y, además, tenía la gran capacidad de generar simbolismos muy movilizadores y contundentes durante los cinco minutos previos al partido.

Así es como para este encuentro, Gabriel se desdobló en ambas funciones: entrada en calor y asistente.

El partido comenzó netamente a favor de Argentina que era voraz pero demasiado vertiginosa, y con una España replegada pero al acecho como un ave de rapiña. Se fue el primer tiempo sin modificación en el tanteador.

A los cinco minutos de iniciado el segundo tiempo y cuando Argentina buscaba decididamente el gol, España aprovechó un descuido del equipo contrario y logró provocar un corner corto del cual vino el gol. *Un corto, un gol.* A partir de ese momento, Argentina siguió buscando con actitud de corazón, con actitud de piernas y con extremada emoción el camino hacia el gol. Todos sus intentos fueron infructuosos ante la sólida y aguerrida defensa española y la brillante actuación de su arquera.

Nada que reprochar, mucho por aprender. La única actitud que le faltó al equipo ese día fue nada más ni nada menos que la cognitiva. Sobró emoción, sobró apuro, sobró ansiedad; faltó equilibrio y paz.

El golpe fue durísimo, la conferencia de prensa desgarradora. En esta salió a la luz la confusión que había tenido el equipo en la interpretación del reglamento. La necesidad emocional de conseguir sí o sí los tres puntos lo había conducido a la trampa de la desesperación. Cuando un equipo no puede perder o bien no puede dejar de ganar, ingresa inexorablemente en un túnel de ansiedad que, a medida que pasa el tiempo y no se alcanza el resultado buscado, se hace más profundo y oscuro donde el nivel de abstracción y pensamiento se debilita, la paciencia no tiene lugar y la desesperación asfixia.

Al finalizar la ronda de preguntas generales, el conductor de la conferencia de prensa, como despedida, le propinó la última pregunta al entrenador:

—¿Cómo hará para motivar a su equipo siendo el único de los seis que jugará la fase final y prácticamente no tendrá posibilidades de llegar al podio, ya que para hacerlo tendrá que ganar los nueve puntos en disputa y esperar que se den algunos resultados a su favor? Será muy difícil para ustedes, ¿no?

El entrenador, quebrado en su alma y con una furia respetuosa respondió:

—Nuestro equipo ganará esos nueve puntos en disputa, se lo aseguro, ya lo verán. Tenemos tres días para reconstruirnos y para que nuestra alma regrese a nuestros cuerpos.

Al finalizar la conferencia de prensa, el equipo completo subió al micro para volver a la Villa Olímpica. Por primera vez en todo el tiempo que había transcurrido del Juego Olímpico no hubo música sino un inmenso silencio; los rostros de cada uno de los integrantes denotaban una angustia profunda. Al llegar, fueron directamente al comedor pero el almuerzo no duró más de veinte minutos, nadie pudo casi comer. Cuando el entrenador y el asistente entraron en la habitación encontraron a un exultante y recuperado Luis Bruno que, a pesar de estar enterado de la derrota y sin siquiera advertir el angustiante lenguaje corporal de sus colegas, sin dar espacio a cualquier comentario dijo:

—Muchachos, ya tengo el final del cuento, lo tengo, lo tengo, sí, sí.

En ese momento sus colegas no podían creer lo que estaba ocurriendo, no podían entender el entusiasmo de Luis Bruno. Él prosiguió:

—Luego de la fiebre me empezó a fluir, no se dan una idea, no se imaginan lo que significa haberlo logrado.

Fue en ese momento que sus colegas exclamaron:

—¡Qué bueno, Luis! —aunque no podían con el peso de la angustia que sentían.

Entonces juntos, Luis Bruno, Gabriel y el entrenador, sumado el aporte fundamental de Luis Ciancia (head coach y mentor de este cuerpo técnico) se dispusieron a planificar los tres días siguientes.

Cuando terminaron y antes de que se fueran a dormir las jugadoras, se les comunicó que tendrían todo el día siguiente libre, y se les sugirió que utilizaran ese tiempo como ellas lo necesitaran; a las 19.30 hs, antes de la cena, tendría lugar una reunión de equipo.

El objetivo del cuerpo técnico era que las chicas pudieran decantar su angustia, limpiar su organismo de la toxicidad de escasez existente con el afecto de sus familiares y amigos, que su mente se desconectara por unas horas y se preparara para una nueva recarga de energía que iluminara y encendiera nuevamente el camino.

Al otro día, cada integrante del equipo (jugadoras y cuerpo técnico) hizo uso de ese espacio de tiempo como más lo necesitaba. A las 19.30 hs en punto, todo el equipo se reunió en una habitación, tal cual lo previsto, y se les comunicó a las jugadoras cómo sería el día siguiente. Entrenarían por la mañana, un entrenamiento específico pensando en el primer rival que sería Holanda. Por la tarde, realizarían un análisis de video grupal y luego tendrían charlas individuales. Y después de la cena, compartirían una última reunión grupal.

Durante la comida el semblante de las jugadoras era diferente al del día anterior, las conversaciones sobre las actividades del día amenizaron el momento.

El alma seguía convaleciente pero se vislumbraba la posibilidad de ser movilizada. A las 22.30 hs, el equipo completo ya estaba durmiendo. Al día siguiente y luego del desayuno, partieron hacia el entrenamiento. Antes de comenzar, el entrenador y el asistente les preguntaron a las jugadoras cuáles serían los seis países que estarían disputando la fase final en búsqueda del podio. De a uno fueron nombrando a los seleccionados: Australia, Holanda, España, Nueva Zelanda, China y Argentina. También les preguntaron cuáles eran los que quedarían fuera de la lucha. Y poco a poco comenzaron a enunciarlos: Gran Bretaña, Corea, Sudáfrica… y ahí se quedaron. Hasta que una de las jugadoras mencionó a Alemania. ¿Cómo podía ser que quedara afuera? Alemania había sido bronce en el Mundial 1988 en Utrecht, dos años antes, cuando le ganó a Argentina en los últimos dos minutos; bronce en el Champions Trophy de Brisbane 1999, siendo nuevamente verdugo de Argentina; medalla de plata en el Champions Trophy de Ámsterdam, hacía poco más de tres meses.

—El poderoso equipo alemán, chicas, no estará entre los seis mejores equipos de los Juegos Olímpicos —les comentó el entrenador— pero ustedes sí lo estarán, aunque tengamos cero puntos y la montaña parezca demasiado alta, sabemos muy bien que tenemos las fuerzas, las ganas y el potencial para remontar la situación porque la energía y la convicción que tiene este grupo es más fuerte que cualquier dificultad y adversidad que se pueda presentar. ¿Qué consideran ustedes que debemos hacer para lograrlo?

Casi al unísono, todas respondieron con una gran convicción:

—¡Ganar los tres partidos!, y sabemos que lo *podemos* lograr, lo *queremos* lograr y ¡lo *vamos a lograr!*

Así había quedado el cuadro de situación para la segunda fase:

Australia y España encabezaban el grupo final con cuatro puntos, seguidos por Holanda, China y Nueva Zelanda con tres puntos, quedando Argentina última sin puntos.

Argentina precisaba ganar los tres partidos y esperar que ninguno de los otros equipos, con excepción de Australia, lograra ganar dos. Una situación muy poco probable para casi todo el mundo del hockey.

Sin más y luego de esa breve conversación, el cuerpo técnico tiró las bochas a la cancha y comenzó el entrenamiento. De a poco, y cada vez más, la energía empezaba a adueñarse de sus cuerpos. Cada ejercicio fue realizado con gran concentración y enfocado en el objetivo. El entrenamiento terminó con un partido reglado para transferir lo realizado; el nivel de intensidad y calidad que tuvo fue impresionante. Durante los 15 minutos finales, se vislumbró que el alma comenzaba a renacer.

Una vez finalizado el entrenamiento, el equipo volvió a la Villa Olímpica y después de una ducha se dirigió al comedor. El lenguaje corporal ya era otro y el entusiasmo por lo que vendría latía en sus corazones. Tomaron una siesta de una hora y posteriormente comenzaron las charlas individuales.

A cada jugadora, por 15 minutos aproximadamente, se le expresaba la importancia que tenía para el equipo y lo que se pretendía de ella para el partido con Holanda. Además se aprovechaba ese tiempo para que cada jugadora pudiera contar cómo se sentía y qué necesitaba. Eran charlas muy ricas, generadoras de una respuesta constructiva e interesante de parte de ellas.

Antes de la cena, se realizó la charla conceptual general y se le comunicó al equipo las 11 jugadoras que ingresarían, desde el inicio, a jugar con Holanda al día siguiente.

Más tarde, el profesor Luis Bruno tenía preparada una charla muy especial. Todo el equipo se reunió en

una de las casas, se habían preparado las sillas en forma de círculo de manera tal que todos pudiesen verse las caras. Una vez que todos se sentaron, él comenzó a contar lo siguiente:

Como ustedes saben, les "debía" la continuación de la historia del Buscador contada en Winnipeg el año pasado, y me parece oportuno hacerlo en este momento.

El Buscador y el Viejito se internaron por el camino bordeado de flores. La vegetación se hizo muy abundante y exótica a medida que caminaban; el sendero que daba vueltas tenía una suave y larga pendiente. Cuando llevaban casi media hora andando, salieron de la espesura y apareció allá abajo un pueblo de casas bajas pintadas cada una de distinto color.

—Bienvenido al pueblo de la felicidad —le dijo el Viejito al Buscador.

Y comenzaron a bajar por un sendero hasta llegar a las primeras casas. Se adentraron por una calle y fue cuando el Buscador vio que un chico estaba anotando algo en su libretita.

—¿Qué anota? —preguntó al Viejito.

—Es que hace un rato se encontró con un amigo con quien había discutido ayer, y al reflexionar se dio cuenta de que se había equivocado y hoy le pidió disculpas, lo que lo hizo sentirse muy bien y lo puso feliz —le respondió.

Siguieron y entonces el Buscador ahora vio a una señora anotar en su libreta.

—Y ella, ¿por qué lo hace? —requirió.

—Ella es maestra y acaba de terminar su jornada de clases;

fueron horas realmente felices para ella, porque quiere lo que hace, y no como algunos, que lo son solamente cuando hacen lo que quieren —fue la respuesta.

Continuaron caminando por el pueblo y al Buscador le llamaron la atención dos cosas: que la única persona vestida de blanco era casualmente el Viejito, y que las calles tenían nombres de acciones y sensaciones constructivas que supuestamente deberían darse en la vida diaria de los humanos —perseverancia, fraternidad, amor, tolerancia, humildad, entrega, fervor, sacrificio, pasión y otras tantas—, sin ninguna duda acciones que bien canalizadas podrían generar la felicidad merecida. Era como si fueran un recordatorio permanente para los habitantes de aquel lugar tan especial.

De pronto, al doblar una esquina se encontraron con una gran plaza; era, sin dudas, la plaza central del pueblo. Al Buscador le hizo acordar bastante al lugar que había conocido al trasponer la arcada de madera. Era de un césped espectacular, con pocos pero grandes árboles, y lo que más le llamó la atención fue que, a diferencia de otras plazas, no tenía a su alrededor muchas construcciones, sino que había solo una que se veía al frente, majestuosa, imponente y pintada toda de celeste con una única puerta y sin ventanas.

—Y aquella gran casa, ¿qué es? —preguntó.

—Es la Casa de los Sueños —contestó el Viejito.

—¿La Casa de los Sueños? ¿Puedo conocerla? —requirió el Buscador.

—Claro que sí, vamos —lo invitó el Viejito.

Y juntos caminaron hasta la puerta, que pareció abrirse

automáticamente al llegar junto a ella. Entraron y el Buscador quedó casi enmudecido al ver tanta cantidad de gente adentro como él no hubiera imaginado: hablaban idiomas diferentes entre ellos y sin dudas —por su aspecto— eran de distintas nacionalidades.

—Pero... ¿Qué hace aquí tanta gente distinta? —balbuceó el Buscador.

—Sueñan, vienen a tratar de concretar sus sueños, porque todo el mundo tiene derecho a soñar. Pero no todos alcanzan a realizarlos... —contestó casi enigmáticamente el Viejito.

Al Buscador también le llamó la atención que todos —a pesar de que lo veían por primera vez— lo saludaban con alegría y afecto.

—¿Por qué me saludan con tanta alegría? —preguntó.

—Porque todo aquel que sueña con algo y llegó hasta aquí tiene la ilusión viva de concretar felizmente su sueño, y lo quiere compartir —le respondió el Viejito.

El Buscador también se dio cuenta de que solo lo saludaban a él, como ignorando al Viejito. Cuando le iba a preguntar por qué, divisó en el fondo del gran salón algo que le llamó poderosamente la atención: un inmenso ventanal, el único que había en el lugar, y que por supuesto no había visto desde la plaza. Se acercó y desde él divisó otra casa, esta sí realmente impresionante, toda dorada, parecía iluminada, refulgente; nunca había visto nada parecido.

—¿Y esa casa imponente, qué es? —preguntó ansioso el Buscador.

—Ah... Esa es la Casa de los Sueños Realizados —murmuró el Viejito.

—¿Y qué tiene de especial? —casi gritó el Buscador.

—Es el lugar adonde llegan muy pocos de los que están aquí. Para acceder a ella tienes que pasar por ese túnel que une ambas casas, donde te someten a duras pruebas —le contó el Viejito.

Entonces el Buscador se percató de que efectivamente había una especie de túnel que unía ambas casas.

—¿Y qué hay dentro de él? —preguntó muy intrigado.

—Hay salas, las salas de las debilidades humanas. El que consigue ir pasando cada una de ellas tiene la posibilidad de llegar a la casa dorada y concretar su sueño.

—¿Y cómo funciona? ¿Hay alguien adentro? —se desesperó el Buscador.

—Sí, en este momento hay un grupo de argentinas que justamente están en la última sala, si pasan esa prueba de debilidad conseguirán su objetivo. ¿Quieres saber qué hicieron para llegar hasta ahí? —dijo el Viejito.

—Claro, cuéntame —reclamó el Buscador.

—Entonces mira arriba, en aquella pantalla. Allí quedan grabados todos los momentos de los que intentan realizar sus sueños —le indicó el Viejito.

Efectivamente, el Buscador levantó la mirada y vio en el centro del salón una pantalla enmarcada con los colores del arco iris... y se dispuso a mirar y a escuchar.

—Allí verás la historia de este grupo y cómo llegaron hasta la última sala del túnel —agregó el Viejito y le relató lo siguiente:

Cuando el grupo llegó hasta la Casa de los Sueños en la que

estamos, tuvo que llenar una solicitud para admitir su pasaje al túnel. En ella tuvieron que demostrar que eran distintas de la gran mayoría de sus pares, que habían pagado precios que muchas no quieren pagar, y que tenían la firmeza mental para supuestamente vencer los obstáculos que se les presentaran, y se las admitió para que intentaran llegar a la Casa de los Sueños Realizados. Claro, faltaba lo mas difícil: el paso por el túnel con sus salas de debilidades humanas.

Entraron por el "Túnel de la Mediocridad", como lo llamamos, donde escucharon muchas voces que parecían salir de las paredes y que les gritaban permanentemente cosas como: "no lo intenten, es muy difícil", "no tiene sentido", "es más fácil quedarse donde están", "nunca lo van a lograr". Pero ellas decidieron seguir y entraron en la primera sala. En la puerta decía: "Sala del Egoísmo".

Estaba oscura —continuó el Viejito— y de pronto apareció un personaje muy feo, vestido de negro; era, sin dudas, el Egoísmo:

—A ver, ustedes, ¿qué hicieron para creer que las voy a dejar seguir? —les preguntó.

—Nosotras tenemos muchos hechos que demostraron siempre que actuamos con solidaridad. Entrenamos duro y luchamos con nobleza por un lugar en el equipo; cuando nos tocó estar en él, fuimos felices, y cuando no, acompañamos y alentamos a quien formó parte de una lista —contestaron ellas.

El Egoísmo, resignado y con muchas pruebas a la vista, no tuvo más alternativa —muy a pesar suyo— que decirles:

—Está bien, pueden seguir.

Salieron de la sala y siguieron por el túnel escuchando

aquellas voces que casi las aturdían: "hasta aquí llegaron", "todavía están a tiempo, vuélvanse". Pero siguieron y encontraron una puerta que decía "Sala del Desgano y la Desidia". Entraron.

Allí las recibió un matrimonio de aspecto horripilante: eran el Desgano y la Desidia.

—A ver —dijo la pareja—, seguramente nosotros fuimos muy poderosos en estos últimos años como para que continúen su camino, ¿no es así?

Ellas contestaron:

—Nosotras realizamos muchas cosas que la mayoría considera "sacrificios". Nos levantamos muy temprano (a eso de las 6 de la mañana), entrenamos muy duro hasta el límite del dolor y el agotamiento. Pero fuimos perseverantes, porque siempre tuvimos claro nuestro objetivo. Y ustedes lo saben muy bien —remataron.

El Desgano y la Desidia se miraron torvamente entre sí y dijeron:

—Es cierto, lamentablemente pueden seguir.

Otra vez en el "Túnel de la Mediocridad" y otra vez las voces. Entre otras se escuchó nítidamente: "En la próxima se quedan". Y llegaron a la próxima puerta que decía "Sala de la Envidia", donde las recibió alguien lo más parecido a una bruja, quien entre dientes les dijo:

—Ustedes de aquí no pasan. ¿O es que no fueron envidiosas de otras, de aquellas a quienes ustedes siempre aplaudían desde abajo del podio? —se rió fuerte.

—No, señora, nosotras en realidad les reconocíamos sus virtudes y tratamos siempre de aprender de ellas. Claro que nos gustaría ocupar algún día su lugar, pero nunca las envidiamos, siempre tuvimos respeto y tratamos de aprender y mejorar. Eso estuvimos haciendo todo este tiempo —respondieron.

—¡Váyanse! —gritó la Envidia, admitiendo que era verdad lo que decían—; pero todavía les quedan dos salas y les será imposible llegar.

El grupo siguió por el túnel, muy unido y haciendo caso omiso a los gritos que se repetían. De pronto llegaron a la puerta que decía: "Sala de la Soberbia". Abrieron la puerta y se encontraron con un personaje sentado en un trono bien alto. Vestía una capa dorada y se destacaban sus ojos rojos. Desde allá arriba, la Soberbia, despectivamente, les dijo:

—No me podrán negar que alguna vez las tenté y actuaron bajo mi mandato.

—No, jamás —contestaron—. Siempre actuamos con humildad, aun en los momentos más gloriosos. Por ejemplo, el año pasado, cuando fuimos campeonas, estuvimos muy contentas sí, pero siempre tuvimos claro que lo imperecedero parte del esfuerzo permanente y la humildad. Así intentamos siempre cimentar nuestro "Prestigio" y no confundirnos como algunos con la "Fama", que está casi siempre al lado suyo, señora Soberbia.

—¡Basta! ¡Fuera! —les gritó la Soberbia, con los ojos rojos desorbitados.

El grupo partió con paso firme sabiendo que les faltaba la última sala, que por ser la última intuían que sería la más difícil. Ya casi no escuchaban los gritos del túnel. Estaban ansiosas, corrían, hasta que casi tropezaron con la última puerta que decía: "Sala de la Resignación". Y allí están ellas ahora, para vencerla o para resignarse.

A esta altura del relato, al Buscador le palpitaba tanto el corazón que se dio vuelta para decirle al Viejito que estaba muy emocionado. Pero no lo vio, lo buscó por todo el salón y no lo encontró.

Entonces dirigiéndose a un hombre que lo había saludado al entrar, le preguntó:

—Oye, ¿no viste al Viejito de blanco que entró conmigo hace un rato?

—Tú no entraste con ningún viejito, entraste solo —le contestó el hombre.

Fue en este momento que el Buscador se percató de algo sublime. Aquel Viejito de blanco que había conocido era Dios...

Por eso cuando entró a la Casa de los Sueños nadie lo saludaba. Porque nadie lo veía. Y el Buscador tampoco lo vería más, pero sabía, percibía, lo sentía —como toda aquella gente— que estaba allí muy cerca suyo... siempre había estado y estaría al lado suyo.

Entonces el Buscador, en voz alta reflexionó:

—Gracias, Señor, por esta experiencia, ¡la más extraordinaria de mi vida![8]

La energía mística que había en esa habitación luego del relato de Luis Bruno era indescriptible, inconmensurable. Los ojos humedecidos y la intensidad de las miradas de cada integrante iluminaban el espacio. De a poco

---

8. *La casa de los sueños realizados*, extraído del libro *Las Leonas* por Luis Bruno Barrionuevo.

el calor se hizo intenso, gozoso producto de un abrazo general y espontáneo de corazones que transpiraban la misma pasión.

Fue en ese momento cuando la capitana de la selección argentina de hockey sobre césped, Karina Masotta, se adelantó y le dijo al cuerpo técnico:

—Queremos sacar la remera de las Leonas ahora.

El momento sublime y tan anhelado había llegado espontáneamente, como un disparo de Cupido. Los planetas se habían alineado de forma perfecta dando espacio al nacimiento de la esperada Leona.

Esa noche cada una de las jugadoras se fue a dormir con la Leona dibujada en su retina y el cuerpo técnico, con la imagen de esas almas valientes hambrientas de ser.

La mañana del 24 de septiembre, el día en que Las Leonas saldrían a la cancha a jugarse la Vida por su objetivo, por su sueño, por la utópica conquista, amaneció con un sol radiante.

Era el primero de los tres desafíos que el equipo tenía que superar para llegar al podio. Frente a ellas, a las 14.00 hs, estaría la "poderosa Holanda", la selección que más finales había jugado en los últimos cuatro años contra la casi invencible Australia y la única capaz de arrebatarle un título en los ocho años anteriores. Y allí estaban Las Leonas, en medio de los aplausos y los propios latidos de sus corazones y los de todo el equipo, sabiendo que tenían que jugarse el *todo por el todo…*

La última charla de cinco minutos en el vestuario ya había tenido lugar, no quedaba más que salir a la cancha y dar a conocer ese espíritu guerrero dispuesto a vencer para demostrarle al mundo entero quiénes eran esas Leonas. ¡Era el día D! Por primera vez, la remera de la Leona saldría a la cancha, pero solo podrían usarla recién a último momento, cuando fueran a formarse para los himnos de cada país, no antes. ¿Por qué? Porque podía correrse el riesgo de que fuera vista por algún miembro de la Organización y que este no lo autorizara.

Todo se hizo según lo pactado y las jugadoras, a último momento, vistieron las remeras y fueron a escuchar los himnos. Fue emocionante ver lo que transmitían sus rostros, observaban sus remeras y los latidos de sus corazones parecían querer escapar de sus cuerpos. ¡Qué día inolvidable, nuestro país junto a nuestras jugadoras brillaban en la cancha!

Una chiquilina de 18 años, llamada Soledad, miraba su remera y acariciaba el logo de una manera especial, sus ojos chispeantes y vivaces parecían iluminar todo el estadio. Caían lágrimas de sus ojos, al igual que en los míos al relatar todo lo vivido ese día. Siento que puedo revivirlo una y otra vez y la emoción no decrece con el tiempo, todo lo contrario.

El partido comenzó y Las Leonas eran una tromba de convicción y búsqueda, parecían multiplicarse permanentemente en la cancha y poco a poco fueron avasallando al equipo holandés. El partido terminó 3-1 a favor de Las Leonas.

Fue Soledad García quien tuvo una actuación memorable al marcar dos goles en el partido; el otro tanto fue anotado por la artista más notable que dio el hockey mundial: Luciana Aymar.

Nadie en el estadio había percibido el logo de la Leona, fue recién luego de la conferencia de prensa y ante la alegría exultante de las chicas que pudieron notarlo.

Fue un día maravilloso, un día bisagra, un día inolvidable que quedará en la memoria emotiva por siempre, un día donde el celeste y el blanco de esa maravillosa remera argentina estuvieron acompañados y guiados, por primera vez, por un símbolo rugiente devenido de un poder interno tan fuerte y profundo como el sueño de estas chicas.

El retorno a la Villa Olímpica estuvo repleto de canto, llanto, abrazo, adrenalina, paz y, por sobre todas las cosas, tuvo un mensaje unificado: "¡Queremos y podemos lograrlo!".

Al otro día jugarían con la sorprendente y poderosa China, que se encontraba con mejor puntuación hasta el momento que el equipo argentino y había empatado el día anterior 0-0 con España, era la segunda final de tres que se debía ganar para poder aspirar a luchar por una medalla.

Ese día, el equipo recibió una muy buena noticia: Claudia, la jefa de equipo, comunicó que la FIH (Federación Internacional de Hockey) había autorizado con agrado el ingreso de la Leona a este deporte. Ya no sería necesario entonces esconder la remera hasta último momento.

El momento del partido con China llegó y a las 13:30 hs, tal cual lo pactado, comenzó a rodar la bocha. Desde el primer segundo de juego, Las Leonas salieron decididas a ganar pero el primer tanto lo marcó el equipo chino. Sin desesperarse y sabiendo la importancia que tendría el respeto por la estrategia pactada que consistía en: tener posesiones largas con la aceptación permanente del jugador libre y tener velocidad de pase y recepción eligiendo el momento apropiado para acelerar y atacar.

Todo esto era indispensable, ya que enfrente había un rival temible de contragolpe.

El equipo argentino poco a poco se empezó a adueñar de las acciones y tomó el control del partido. En el juego sin pelota Las Leonas presionaban en bloque, siempre atacando la posesión rival con doblajes y sosteniendo en todo momento corrimientos y coberturas, que no le permitieran al rival tener espacios para correr o ejecutar su arma letal que eran los pases diagonales.

Las Leonas lograron dar vuelta el resultado con un gol de Luciana Aymar y otro de la benjamina Soledad García, tan exquisito como "maradoniano". Las Leonas ganaron 2-1 con autoridad y con justicia por lo realizado en el campo de juego, pero con mucho sufrimiento sobre el final ya que el partido finalizó con un corner corto para el equipo chino cuando faltaban 50 segundos.

Fue en ese momento donde se paralizó el corazón de todos, menos de las cinco jugadoras que defendieron el corto. Con amor y coraje lograron defenderlo, pudieron despejar la pelota del círculo y escuchar la chicharra del final del partido momento en el cual se fundieron en un abrazo inmenso con todo el equipo.

Fue después de ese partido, y de acuerdo a los resultados de otros encuentros, que la Selección Argentina Femenina de Hockey sobre Césped —ahora convertida en Las Leonas— estaba a un paso, no solo de luchar por una medalla, sino también de conseguirla si lograba ganar su partido contra Nueva Zelanda.

"Sí, imposible pero real", si Argentina ganaba clasificaría para jugar la final olímpica y se aseguraría la medalla de plata, salteando la disputa del bronce. El sueño tan anhelado por primera vez estaba tan próximo y parecía tan real que se palpitaba en el aire esa emoción que yo ahora mismo estoy sintiendo, pero mucho más fuerte al tener por delante semejante desafío.

Al día siguiente, al leer los diarios argentinos, las emociones se aquilataron: el nombre de *Las Leonas* ya estaba instalado en todos lados, en todos los rincones, pero lo más preciado era que, más allá del nombre y del logo, lo que había llegado a las fibras de los argentinos era el espíritu de este equipo.

Nunca olvidarán los mensajes de infinidad de argentinos que recibieron, el apoyo, la fuerza y la energía que les transmitían. Y jamás se borrará de sus mentes el mensaje de Los Pumas del 65, cuando en un diario expresaron: "¡Bienvenidas a la selva, Leonas!".

Fueron horas de una intensidad deportiva-afectiva nunca percibida hasta entonces. El equipo se fortalecía a cada instante un poco más. En el pasado quedaron esos momentos de angustia y dolor que habían vividos día atrás. Cada vez faltaba menos para ese momento trascendental que sería el partido con Nueva Zelanda.

La charla técnica previa al partido estuvo cargada de una gran ansiedad. Se notaba en los rostros, y en las mentes, de las jugadoras la necesidad de que fuera la hora de la finalización del partido para saber si el equipo sería finalista o no. De hecho, ante la pregunta del entrenador de qué era lo que más querían en ese momento, la respuesta fue:

—Que ya sean las 18.00 hs (horario en que culminaría el partido) y estemos todas abrazadas —respondió una de ellas.

Fue en ese instante donde su entrenador les dijo:

—¡No!, ¿cómo se van a perder la fiesta de jugarlo? Les aseguro que cuando falten cinco minutos no van a querer que el partido termine, pedirán seguir jugando hasta que oscurezca…

Ante la mirada atónita de sus dirigidas, agregó:

—¡Vamos Leonas por la presa, a jugar hasta el anochecer! —y se retiró junto a su cuerpo técnico con una sonrisa.

El equipo llegó cantando al estadio, las camionetitas que lo transportaban se movían al ritmo de la canción:

—*Se mueve para acá, se mueve para allá, esta es la banda*

más grande que hay —cantaban las jugadoras mientras se zarandeaban sin cesar.

Y llegó el momento tan esperado, a las 16.30 hs del 27 de septiembre dio comienzo el partido. Desde el primer segundo de juego Las Leonas fueron una aplanadora, en menos de 15 minutos habían generado no menos de seis situaciones claras de gol, pero la arquera rival había evitado hasta el momento que se abriera el marcador hasta que por fin, luego de un corner corto, Las Leonas pudieron anotar un tanto por medio de la excelsa Ceci Rognoni. A partir de ese momento los goles se fueron sucediendo uno tras otro. El segundo fue de la gran goleadora Vanina Oneto que luego hizo tres más, el tercero de la talentosa Capitana del equipo Karina Masotta y el último nuevamente de la extraordinaria Ceci Rognoni. Cuando solo faltaban 15 minutos para el cierre del partido Argentina ganaba 7-1.

El banco de suplentes era una fiesta de abrazos y llanto, los cambios rotativos permitían que el que salía viviese esa energía tan especial.

Faltando cinco minutos se produjo un momentáneo silencio y entonces fue cuando el entrenador, en un grito desesperado, empezó a llamar a una de las jugadoras para darle una indicación urgente. Su grito era más o menos así:

—¡Magui, Magui, Magui!

Al tercer grito, ella giró su cabeza como pensando: "¿Qué pasa?, ¡vamos ganando 7-1!".

¿Qué indicación o fallo se podía dar en ese momento? Y

con el semblante perplejo miró a su coach. Fue en ese instante que él, quebrado en llanto, le anunció:

—*Magui, somos finalistas, ¡gracias Magui!*

Y cerró su puño hacia el corazón. La sonrisa devuelta por Magui estuvo tan cargada de sorpresa, transparencia y generosidad que regó de luz toda la cancha.

Mientras tanto, Gabriel y Luis Bruno se comunicaban por handy desde la tribuna y no dejaban de expresar sus sentimientos. Luis Ciancia, mentor de todo este sistema de trabajo e ideólogo del proyecto "Seleccionados Argentinos" desde 1997, disfrutaba este momento soñado quebrado por la emoción.

Fue algo nunca antes vivido, mágico, una fiesta dentro de la cancha, en el banco de suplentes y en la tribuna.

En el partido más trascendental jugado hasta entonces, no solo iban ganando sino que además estaban logrando el pasaporte a la final olímpica con una exhibición de hockey valiente, técnico, colectivo y emocional.

Llegó el momento del pitazo final, del abrazo y del llanto eterno de todas las jugadoras, del cuerpo técnico y del head coach. A esto se sumó el abrazo del Secretario de Deportes en funciones, Marcelo Garraffo, símbolo y gloria del hockey, ex jugador del Club Ciudad y del seleccionado, y además ex entrenador de este en su juventud; sin duda, una persona que había encendido la llama olímpica en su corazón.

Y no solo se fundieron en abrazos los protagonistas, desde la tribuna, los familiares y los hinchas se sumaban con sus cantos y emoción a una fiesta emotiva sin igual que duró más de dos horas.

Esa Leona flockeada en la camiseta se había escapado de allí para correr por todo el campo, dispuesta a no dejarse amedrentar y a no dejar nada al azar. Salió a capturar su presa y así lo hizo. Esa Leona salió a ganar; no tenía opción, su simiente, su naturaleza se lo demandaba y rugía a cada paso que daba. Había nacido para triunfar y no podía hacer otra cosa que no fuera brillar. Esas "patas de Leona" se desplazaron en las piernas de cada jugadora, con pasos amplios, grandes, ganadores, en dirección exacta hacia la presa que debía tomar. Una Leona que dejó de ser un logo para convertirse en una identificación, en una vida vivida a pleno dispuesta a conquistar su sueño y a no permitir que nadie disfrutara y le arrebatara lo que le pertenecía a ella. Las piernas de las jugadoras y las patas de la Leona en la camiseta eran una sola Vida, un mismo espíritu; se alimentaron mutuamente y se gestaron una a la otra. Así se parieron. Así ganaron. Así llegaron al podio.

El equipo argentino tuvo que ser retirado, amablemente, de la cancha para poder darle lugar al ingreso del equipo australiano y el chino para jugar el último partido de la segunda fase. Los voluntarios australianos, atónitos y contaminados de tanta pasión, pedían perdón por ello y lamentaban tener que hacerlo.

La salida y el encuentro con los familiares, los periodistas, los dirigentes y los fanáticos argentinos fueron inolvidables. Las humanidades de todos los presentes se fundían en abrazos eternos, los cuerpos quedaron marcados con un dolor hermoso y con los más nobles y maravillosos moretones de afecto. Todos ellos habían sido parte, desde su lugar, de este logro.

La llegada a la Villa Olímpica, la cena en el comedor, la sobremesa, el saludo y el afecto de los deportistas compatriotas fueron también inolvidables. Después de entrenar con pasión, entusiasmo y responsabilidad durante cuatro años, se había llegado a ese sitio tan buscado: *el podio olímpico*. El equipo ya tenía asegurada la medalla de plata. La alegría era inmensa.

Al día siguiente, una vez vivido y celebrado ese momento grandioso, el equipo concentró su cabeza de lleno en la final olímpica. El podio y la medalla plateada estaban asegurados y, sin duda, esto ya superaba cualquier pronóstico dado de antemano antes de los Juegos Olímpicos. Por primera vez en la historia, había una mesa servida con platos de sitio en espera: la muy preciada "mesa olímpica de oro".

Durante todo el día siguiente al partido con Nueva Zelanda, el cuerpo técnico trabajó en el análisis del video en un intento por planificar una estrategia que permitiera la posibilidad de ganarle por primera vez "a la hasta ahora imbatible Australia". Nunca se le había podido ganar en la categoría mayor, ya sea en una Cita Mundial, Champions Trophy o Juego Olímpico al poderoso equipo australiano.

La empresa sería dificilísima, la montaña empinadísima pero el crecimiento, el amor propio y el espíritu de

este equipo de "Leonas de la Vida" abrían espacio para el milagro.

Las jugadoras, quienes habían disfrutado la mañana libre en la Villa Olímpica, aprovecharon ese tiempo para estar juntas y compartir recuerdos y emociones. Almorzaron y tuvieron una siesta de una hora. Luego del descanso, comenzaron las charlas por líneas donde se les comunicaba el plan de juego que se llevaría a cabo con Australia y, fundamentalmente, qué era lo que se pretendía de cada una de ellas. Además, había espacio para las devoluciones de las chicas, donde eran bienvenidas sugerencias o inquietudes que pudiesen surgir entre ellas.

Al finalizar las charlas, disfrutaron de una hora y media libre que aprovecharon para charlar con los demás atletas argentinos.

Ese día se cenó temprano. A continuación, se dio a conocer el equipo que entraría al día siguiente a jugar la final olímpica contra Australia. La charla técnica final se daría al día siguiente, ya que el horario del partido sería el último turno de la tarde, a las 20.00 hs.

Antes de retirarse para ir a dormir, las chicas aprovecharon para estar juntas, conversar y tomar una lágrima (variedad de café servido en Buenos Aires que se prepara con leche y unas gotas de café), como a ellas tanto les gustaba.

A la mañana siguiente se siguió la rutina tal cual había sido establecida: levantada, desayuno, media hora de tiempo libre en la villa, charla técnica, almuerzo, descanso y partida hacia el estadio.

La llegada al lugar del desafío final fue emocionante y el recibimiento de los argentinos, inolvidable. El estadio estaba colmado de australianos que vibraban esperando a su equipo, mientras ese puñado de compatriotas parecía multiplicarse para transmitirles y donarles a Las Leonas toda la energía existente en sus almas.

Entre ellos se encontraban los familiares, deportistas de diversas disciplinas, entrenadores, periodistas, dirigentes e hinchas que habían llegado desde Argentina para vivir este momento soñado. ¿Y cómo no mencionar a los compatriotas argentinos que vivían en Australia y que se acercaron, con toda su pasión y nostalgia, para estar con el equipo?

Llegó el momento del himno y con este, la tremenda emoción que dispensaron. Comenzó la final olímpica...

Australia arrancó el partido con un ritmo arrollador, su presión era asfixiante, sus ataques tenían una velocidad supersónica, sus anticipaciones de jugada eran de un hockey superior. Argentina resistía sus embates con increíble temple, las 11 jugadoras fueron obligadas a defender en campo propio. Cada vez que tenían la bocha, trataban infructuosamente de retenerla. En su salida de fondo, intentaban todo tipo de variantes pero eran bloqueadas permanentemente.

Todo el estadio parecía presionar y atacar junto al equipo australiano. El entrenador argentino intentaba dar indicaciones y corregir posiciones pero su voz y sus gritos desesperados no llegaban a las jugadoras, se perdía entre el sonido ensordecedor del ambiente.

El gol australiano parecía avecinarse inexorablemente y llegó por la vía del corner corto, en una gran jugada preparada y estudiada para vulnerar la estrategia argentina. Al poco tiempo llegó el segundo gol y el partido se hizo cuesta arriba, Australia era el dominador estratégico y mental del juego.

Terminado el primer tiempo, el equipo argentino pudo retirarse al descanso tan anhelado y recomponerse en el vestuario, para salir a jugar el segundo tiempo con soluciones alternativas. El segundo tiempo fue un partido diferente, Argentina empezó a progresar en campo australiano y ya no era asfixiado y maniatado como en el primer tiempo. Pero un tercer gol australiano alejó a la Argentina de la posibilidad de jaquear el ánimo y la confianza del oponente.

La posibilidad de remontar el resultado numérico era muy poco probable, pero de ninguna manera Las Leonas se entregaron. Buscaron empezar a ganar cada acción que estaba en disputa. Cada pase bien hecho era un triunfo, al igual que cada recepción, cada recuperación y cada llegada al área rival. Todos esos pequeños triunfos fueron generando cada vez más confianza y convicción hasta que llegó el premio: "el gol". Quedaba todavía mucho tiempo por jugar, más de 25 minutos y el partido estaba 3-1.

A partir de ese momento, Argentina presionó en

todos los sectores y redujo al equipo australiano como nunca lo había podido hacer en todo el encuentro, pero el segundo gol no llegó. Australia defendió con solidez y además contraatacó con peligro en varias ocasiones, el tiempo no permitió la posibilidad del descuento y el espacio para "el milagro". El pitazo final de los árbitros desencadenó la algarabía de las jugadoras australianas e hizo estallar a todo un estadio que aplaudió con todo su afecto a su equipo de ensueño.

Australia coronó una década inolvidable con dos Mundiales seguidos ganados, al igual que dos medallas doradas olímpicas. Fue un justo ganador y un merecido campeón, simplemente fue una máquina de jugar. Y un ejemplo de cómo se puede ser un poco mejor que el día anterior, nunca lo presionaron sus logros y nunca dejaron de crecer y de buscar un nuevo desafío con convicción y humildad.

El saludo entre las jugadoras australianas y argentinas fue tan respetuoso como afectivo y emocionante. El centro de la cancha se fundió en un abrazo sentido y profundo entre ambos equipos.

Luego, cada grupo se separó y las jugadoras australianas compartieron abrazos entre ellas y su cuerpo técnico, eran abrazos de euforia, desahogo y extrema felicidad por lo que habían logrado.

Mientras tanto, el equipo argentino se fundía en abrazos entre jugadoras y cuerpo técnico cargados de contención, llanto y agradecimiento por lo que habían entregado. Había una mezcla de dolor e impotencia por no haber podido lograr el primer puesto, y a la vez paz interior por todo el recorrido.

El equipo australiano comenzó a dar la vuelta olímpica y a regalarle a su gente el reconocimiento por el apoyo brindado.

El equipo argentino hizo lo mismo en el sector donde se encontraban sus compatriotas, regalándole un hermoso festejo de avioncito en equipo, tirándose a la carrera todas al mismo tiempo en el campo de juego. Fue una foto que quedará para siempre en la retina de los allí presentes: el festejo de los dos equipos, en el mismo instante y en el mismo sitio. Si alguien hubiese llegado en ese momento al estadio, no habría podido darse cuenta de quién era el ganador.

Pero otra foto maravillosa quedaría inmaculada en el recuerdo y en las almas de los allí presentes: cuando el equipo campeón estaba terminando su vuelta olímpica, el subcampeón lo esperaba con un túnel formado por sus cuerpos y sus manos entrelazadas para que pasaran por dentro, en señal de respeto, reconocimiento y admiración. Ante semejante sorpresa, los rostros de las jugadoras australianas quedaron perplejos y, luego de vacilar unos segundos, se animaron y se entregaron felices al paso por ese maravilloso túnel humano. La energía que había en ese instante era impresionante.

Después de pasar por el mágico túnel, en pocos segundos, fue el campeón el que construyó otro túnel humano para homenajear a su vencido. Entonces el estadio estalló en un aplauso conmovedor para ambos equipos. Fue un final de película, una película real creada por seres humanos que entendieron que en el único lugar donde se es oponente es en "el juego", porque en todo lo demás somos "colegas de la vida".

Esta es la historia guardada que esperó tanto tiempo para salir a la luz, quizás porque aquello que generó tanta mística tenía que ser contado en forma completa y detallada por primera vez, en un lugar alejado de la Tierra como el que estamos nosotros ahora, para poder así degustarla, disfrutarla y reflexionar sin apuro terrenal.

Superficialidad y Profundidad se quedaron mirándose durante unos cuantos segundos, con muchas ganas de darse un abrazo y finalmente lo hicieron. Fue un abrazo sentido hasta que la Superficialidad se alejó.

Fue en ese mismo instante cuando la Profundidad exclamó con toda sinceridad:

P: Muchas gracias por compartir esta historia tan significativa, ¡cuánto análisis para hacer hay en ese carretel!

S: ¡Uff!

Sin poder resistir ese momento tan emotivo por más tiempo, la Superficialidad tuvo la necesidad de cambiar abruptamente el estado de situación y dijo:

S: Estimada, ¿se ha dado cuenta de que hace ya más de un año que estamos alejadas del Mundo? ¿Usted vio todo lo que ha pasado y sigue pasando en él?

P: La verdad que no había reparado en eso, son tantas las emociones vividas en el presente que…

S: ¿No le genera incertidumbre saber qué estará ocurriendo allí?

P: No sé si incertidumbre, pero interés sí.

S: Sin duda, las personas estarán muy expectantes por este encuentro.

P: ¿Por qué lo dice?

S: Porque en estos tiempos todo se sabe, no hay secretos. Además, sería imposible pensar que personas como nosotros, o tendencias tan influyentes como las nuestras, pasarían inadvertidas en su desaparición.

P: Mmmmm… entiendo.

S: ¿No tiene miedo de que al final de este encuentro yo tenga razón y que los demás, después de escucharnos, me elijan a mí?

¿No le genera inquietud esa posibilidad?

P: Si luego de este encuentro yo sintiese que su camino es el apropiado, no dudaría un instante en transitarlo y en cambiar lo que sea necesario. Tampoco tendría ya temor de esa elección, porque en este mismo momento yo también he elegido. Pero debo decirle que no solo tendría temor sino también una profunda angustia, si sintiese que lo que las personas eligen los apagará y los alejará de la Vida.

S: ¿Se da cuenta entonces de todo lo que usted puede perder en este encuentro?

P: ¿Se da cuenta usted de todo lo que también podemos ganar en este encuentro?

S: En este tipo de encuentros que son claves, ¿solo uno gana?

P: En este tipo de encuentros trascendentales puede haber un doble ganar, un ganar-ganar para ambos participantes.

S: No sea utópico, tanto yo como usted hemos disfrutado sin duda de este encuentro, nos hemos capacitado y hemos compartido no solo información sino también sentimientos, debilidades, temores e interrogantes.

P: Por todo eso sin duda ya hemos ganado, ¿no le parece?

S: Puede ser, pero a la vista de los demás hay cosas que se ocultarán, que no serán admitidas sino que se negarán. Y aunque usted sabe que el encuentro aquí, en este sitio donde nos encontramos ahora, fue desprovisto con el correr de los días de un tinte de "enfrentamiento personal" para convertirse en algo conceptual, cuando regresemos al Mundo la gente tendrá que percibir a un ganador, y será él quien marcará el rumbo de los acontecimientos.

P: ¿Se da cuenta del motivo de mi respuesta ante la pregunta que me hizo, al comienzo de este viaje, de por qué me empecinaba en combatirla?

Debo decirle que, ilusoriamente, en muchos momentos de este viaje creí superar este juicio sobre su naturaleza, me entusiasmé y hasta sentí que podíamos llegar a "formar un equipo" en ciertos momentos.

Pero no quiero irme de este encuentro con una sensación negativa, porque le aseguro que a mí me ha servido mucho para consolidar y reafirmar que lo que siempre sentí en mi espíritu está más sólido e iluminado que nunca.

Creo que en la vida hay que preparar el mate para que otro lo pueda tomar, lo que metafóricamente sería dejar una huella para que otros la puedan seguir.

Creo que comprometerse a dar el 100 % en busca del objetivo es mucho más saludable y posible que prometer lograr el objetivo.

Creo que no esconder nuestras debilidades de nosotros mismos es haber tomado la decisión de no ser débiles.

Creo que la búsqueda constante y permanente por intentar ser creíbles nos convierte en seres manipuladores de los demás, y en ese camino compulsivo dejamos de ser veraces y perdemos la credibilidad. Entonces, no obsesionarnos con ser creíbles y, en cambio, dejar fluir lo veraz nos hará creíbles.

Creo que podemos ser conscientes de que vamos a errar en el camino, pero también proponernos y desafiarnos a que jamás sea por falta de responsabilidad.

Creo que el veneno del éxito es percibido y aflora cuando en nuestra vida no podemos vivir sin él. Cuando alguien se envenena de éxito no se intoxica de soberbia, por el contrario, se contamina de inseguridad y encuentra solo en el éxito numérico su paliativo pasajero ante ese mal.

Creo que los equipos, en estos tiempos, se han convertido solo en grandes medios para conseguir el logro.

El problema de esto es que siempre lo importante y lo supremo es el logro, el dios-logro destruye al equipo que solo es considerado un medio.

Todos los días podemos ver grupos de personas entrenándose para batir al oponente, que casualmente son seres humanos y colegas de la Vida que buscan lo mismo que ellas.

Todos los días podemos ver grupos de personas desafiando un nuevo límite, un nuevo record de facturación.

Todos los días podemos advertir, en un porcentaje muy alto, que lo que no se negocia es el logro.

Todos los días podemos ver cómo ese medio, que es el equipo, sirve al dios-logro con increíble sumisión.

Todos los días podemos advertir que todo lo que hacemos

es por el logro, ese bendito dios pagano que si es conseguido nos permitirá ser y, por lo tanto, vivir y tener bienestar.

Todos los días podemos advertir que cada vez hay más material, más información, de cómo trabajar en equipo pero que cada vez hay menos equipos en el mundo. El equipo de seres humanos en la Tierra se está yendo al descenso inexorablemente.

¿No será momento de ser inteligentes con nosotros mismos y cambiar el orden de la frase? *¿El equipo es un medio para conseguir el logro, o el logro será alcanzar el equipo?*

El día que el logro máximo sea conformar un equipo, el fusible ya no será el ser humano. El mundo está lleno de oponentes que obstaculizan nuestro camino hacia el objetivo, que es "vivir y dejar vivir", "disfrutar y degustar el tiempo que nos toque en este mundo", "cuidar lo que nos ha regalado la naturaleza para que otros también lo puedan disfrutar en el futuro".

Por eso tenía la esperanza, cuando acepté el encuentro, de que al final ambos pudiéramos contribuir generosamente a que esto suceda. Es más, muchas cosas me he llevado y he aprendido de usted junto con una gran cantidad de interrogantes por resolver. Lo que nunca imaginé es que, después de todo lo vivido, me daría cuenta de que lo único que le interesó, o le interesa a usted, es ganarle la partida al otro ocultando, escondiendo y no admitiendo todo lo sentido y aprendido.

Teníamos una gran oportunidad de ganarle a la muerte

que hay en la Vida, ¡es una pena! Pero no siento haber perdido el tiempo, al contrario.

Gracias por lo vivido, fue intenso y tengo la esperanza de que algún día madurará en nuestras almas y se hará visible en la acción que cada uno de nosotros lleve a cabo.

Adiós.

PARTE 15

La revelación

La Profundidad comenzó a alejarse lentamente con sus ojos fijos en la Superficialidad quien amagó decir algo pero no pudo. En ese momento…

V: Creo que este encuentro se merece un mejor final. Ambos tienen un poco de razón y la Vida es justamente eso: una mezcla de ambos, un viaje interior en el cual necesitamos preguntarnos qué queremos ganar, para qué queremos ganarlo y qué no estamos dispuestos a perder mientras buscamos ese ganar.

Cachito: Así es.

S y P: ¿**Y** usted **quién** es?

Cachito: Soy a veces profundidad, a veces superficialidad,

soy la historia misma que atrapó mi ser y contagió a mi profundidad para que usted, mi gran compañera "superficialidad" pensara que hay algo mucho más profundo que ganar. La vida me demostró que los principios son más importantes que un resultado, que lo lindo es ganar dentro del reglamento de la Vida.

Creo en la diversidad. El ser humano es uno solo, pero las características que tienen los habitantes de este planeta son diferentes, también los momentos de la Vida en que se encuentran y las actividades que realizan. Sin embargo, algo tenemos en común: todos somos personas que sueñan, que tienen altos y bajos, que necesitan encontrar aquello que están buscando. Y eso que están buscando, generalmente, está relacionado con el propio ser, con conectarse con su fortaleza, su dominancia y sus ganas de brindar lo que tienen, cada uno en el ámbito en que se desarrolla. Todo radica en ser capaz de hacer ese "viaje hacia el interior", un viaje de conceptos, valores y emociones.

El éxito es una conquista permanente, radica en la posibilidad de sacar todos los días el oro que llevamos adentro, con la persona con que estamos o con el equipo que conformamos. Teniendo en cuenta que de eso se trata el éxito; el otro éxito, que sería el logro momentáneo, es simplemente un mimo que nos da el camino. De nosotros depende que lo soltemos o que nos aferremos a él, que podamos encontrar nuevos territorios para explorar, nuevas posibilidades de ganar. Pero nuestro mayor éxito va a consistir en que no abandonemos el camino de la búsqueda.

Y creo, queridos amigos, que ahora esto les corresponde a ustedes. Dependerá de ustedes el que puedan convivir en el "ser" haciendo la paces y sabiendo que la Vida es una. Que la Leona no habitó solo en el equipo argentino de hockey femenino, sino que está agazapada, quizás un poco aniñada, un poco asustada en el interior de ustedes, en espera de que puedan abrirle la puerta para lanzarse a la conquista. Tal vez haya gente que estimule ese encendido, aunque es solo uno mismo quien puede encenderlo.

P: ¿Podría usar yo también esa camiseta?

S: ¿Y a mí me la daría también?

Cachito: ¡Claro que sí! He estado escuchándolos todo este tiempo, pero lo cierto es que viví junto a ustedes y en ustedes a cada paso que di. Animarme a hacer este viaje hacia mi Vida misma me ha permitido crecer, madurar y aprender que la búsqueda del mejor se trata solamente de ser cada día un poquito mejor que el día anterior. Y en este camino, queridos amigos, sigo andando… buscando nuevas leonas y nuevos leones que quieran salir al campo de juego para vivir la Vida que se merecen vivir. De esto se trata, de que mi León interior no se apague y siga buscando lo mejor de su ser, de su "querer ser", para que desde mi lugar pueda aportar todo lo que a mí me dieron. Estoy convencido de que muchos, también, están embarcados en este viaje.

Ahora sí los dejo. Y no se olviden de jugar a la Vida…

S: Una pregunta más, por favor. ¿Qué pasó con aquellas Leonas?

Cachito: Siguen vivas y continúan brillando; nadie pudo acallar el rugido y el avance de esas Leonas que supieron gestarse a sí mismas.

P: ¿Y usted, Señor Entrenador?

Cachito: ¡Yo también sigo más vivo que nunca, recorriendo un hermoso camino de desafíos con un equipo muy especial: ¡Las Vickingas!

Fin del encuentro.

BIBLIOGRAFÍA

Erving Goffman, *Ritual de la Interacción;* Editorial Buenos Aires, Tiempo Contemporáneo, 1970.

Harold Raley, *Julián Marías: Una Filosofía Desde Dentro;* Madrid: Alianza Editorial, 1997.

Juan José Sebreli, *El Olvido de la Razón;* Sudamericana; 2011.

Luis Bruno Barrionuevo, *La casa de los sueños de oro.*

Oscar Anzorena, *Maestría personal, El camino del liderazgo;* Buenos Aires: Ediciones Lea, 2008.

Philip Manning, *Erving Goffman and Modern Sociology;* Stanford, Calif.: Stanford University Press, 1992.

NOTA DEL AUTOR

Es mi deseo que las páginas de este libro puedan servir como material de consulta a educadores que quieran compartir mis ideas con sus alumnos. Siéntanse libres para usar las distintas secciones de este libro según su conveniencia y su objetivo, ya sea toda la obra completa de principio a fin o aquellas partes que crean útiles para su labor. Espero desde lo profundo de mi corazón que *Un viaje al interior* logre generar la mirada introspectiva que cada uno de nosotros necesita y disparar el debate entre ustedes.

SERGIO "CACHITO" VIGIL

SOBRE EL AUTOR

Sergio "Cachito" Vigil nació en 1965. Es profesor de Educación Física, recibido en el *ISEFI* (Instituto Superior de Educación Física Hugo Quinn) y Master Coach de la *Federación Internacional de Hockey*, deporte que él contribuyó a popularizar en la Argentina.

Ejerció la docencia en el *Sworn Junior College* y fue coordinador de Divisiones Menores en la *Universidad de Belgrano*, el *San Isidro Club* (SIC) y el *Club Atlético River Plate*. También fue entrenador de los siguientes clubes: *Club Los Cedros, Club HCBra de Italia, Club Ciudad de Buenos Aires* (femenino y masculino) y *Club Atlético River Plate* (femenino). En este último se desempeñó, además, como gerente deportivo.

Entre 1997 y 2004 fue técnico de la Selección Nacional Femenina de Hockey, más conocida como "Las Leonas", cargo por el cual se convirtió en una figura pública, en especial después de ganar varios reconocimientos mundiales, entre ellos la Medalla de Plata en los Juegos Olímpicos de Sydney 2000, Medalla de Bronce en Atenas 2004 y Campeonato del Mundo en Perth 2002. Durante los tres años posteriores fue entrenador de la Selección Nacional Masculina de Hockey.

En su larga trayectoria recibió diversos premios.

A partir de 2001, ha realizado más de trescientas charlas

de capacitación, trabajos en equipo y motivación con la Consultora *Sport Cases* en distintas empresas de la Argentina, Chile, Uruguay, Perú, México y Estados Unidos, incluido el Banco Mundial.

En 2015 se recibió de Couch Ontológico en el *ICP* y fue homenajeado por la Ciudad de Buenos Aires con una baldosa con su nombre en el Paseo de la Gloria.

En 2016 fue nombrado como entrenador de la Selección Femenina de Hockey de Chile "Las Diablas".

Está casado con Marcela, con quien tienen un hijo llamado Thiago.

Esperamos que este libro
haya sido de su agrado.
Para información o comentarios,
contáctenos en la dirección
que aparece debajo.

Muchas gracias.

HOJAS DEL SUR

www.hojasdelsur.com

9 789871 882168